Laufer

Lebensglück:
Wer bin ich und will ich werden?

Hartmut Laufer

Lebensglück: Wer bin ich und will ich werden?

Anregungen zur Lebensgestaltung
- Lebensbilanz
- Lebensstrategie
- Entscheidungshilfen

MENSOR Institut

ISBN: 978-9-403-63781-5

Texte und Grafiken: Hartmut Laufer, MENSOR Institut für Managemententwicklung

Verlag: Bookmundo

Auflage: 2 (2021)

Inhalt

Immerwährende Suche nach dem Lebensglück 7

1. **Was macht mich glücklich und zufrieden? 9**
   Voraussetzungen für ein glückliches Leben **9**
   Lebensphilosophie und Lebenskonzeption **11**
   Gestaltung der verschiedenen Lebensbereiche **18**
2. **Wer bzw. was hat mich entscheidend geprägt? 22**
   Das Erbgut des Menschen **22**
   Lebenslange Persönlichkeitsentwicklung **23**
   Die mich prägenden Ereignisse und Erlebnisse **24**
3. **Wie sehe ich mich – wie sehen mich andere? 27**
   Selbstbild oder Wunschbild? **27**
   Meine Wirkung auf andere **30**
   Die „gute" Menschenkenntnis **31**
4. **Wie komme ich zu nützlichen Sozialkontakten? 37**
   Entwicklungsgeschichtliche Sozialisation **37**
   Die verschiedenen Kommunikationsformen **39**
   Ehe und eheähnliche Partnerschaften **50**
5. **Wie nutze ich digitale Medien am sinnvollsten? 55**
   Möglichkeiten und Gefahren des Internets **55**
   Auswirkungen auf die persönliche Lebensführung **61**
   Effekte digitaltechnischer Schriftkommunikation **62**
6. **Wie kann ich das Vertrauen anderer gewinnen? 68**
   Notwendigkeit und Funktionen von Vertrauen **68**
   Vertrauen schaffendes Verhalten **71**
   Balance zwischen Vertrauen und Misstrauen **74**
7. **Wie kann ich Konflikte vermeiden bzw. lösen? 76**
   Konflikte als Denk- und Handlungsimpulse **76**
   Verständnisbedingte Konfliktursachen **77**
   Konfliktlösendes Kommunikationsverhalten **79**

8. **Wie kann ich Probleme bestmöglich lösen? 92**
Probleme und persönliches Problemverhalten **92**
Zielorientierte Vorgehensweise **95**
Entscheidungsfähigkeit und Entscheidungstechniken **122**
9. **Was ist für mich der richtige Beruf? 161**
Berufe in Zeiten des ständigen Wandels **161**
Bedürfnis- und eignungsgerechte Berufswahl **163**
Berufliche Veränderung und Weiterentwicklung **170**
10. **Wie kann ich stressresistent werden? 178**
Der natürliche Stressmechanismus **178**
Stressauslöser und Stressfolgen **180**
Stressabbau und Erwerb von Stressresilienz **192**
11. **Was kann außerdem die Lebensqualität steigern? 207**
Ziel- und qualitätsbewusste Lebensführung **207**
Erlebnisverarbeitung und Selbstmotivierung **213**
Erfolgsorientierte Selbstorganisation **219**
Schlussfolgerung 223
Literaturhinweise 224
Stichwörter 229

Dank an Mitwirkende

Ich danke meinem Enkelsohn Tobias für seinen Beitrag zum Hochschulstudium sowie meinen Freunden Helmut Methner und Roger Wisniewski, denen ich so manche psychologische sowie philosophische Anregungen verdanke.

Der Autor

Immerwährende Suche nach dem Lebensglück

Im Lauf des Lebens drängt sich immer wieder mal die Frage auf, ob man denn eigentlich mit seinem Leben glücklich und zufrieden ist.

Die Antwort darauf kann in den verschiedenen Lebensabschnitten sowie je nach aktueller Lebenssituation und daraus resultierender Stimmungslage sehr unterschiedlich ausfallen: Das Ergebnis kann als ausgesprochen positiv und beglückend empfunden werden, aber auch als negativ und mitunter sogar entmutigend wirken.

Fällt die Bilanz immer wieder enttäuschend aus, kommt es schlimmstenfalls zu einer echten Krise, bis hin zu krankmachenden Depressionen. Dazu sollte man es nicht erst kommen lassen, sondern sich bemühen, eine grundsätzlich optimistische Lebenseinstellung zu erlangen. Sollte man sich immer wieder klarmachen, dass in jedem Schlechten auch etwas Gutes innewohnt – verpasste Chancen auch aktivierende Herausforderungen sein können. Es ist oftmals nur eine Frage der Betrachtungsweise, ob das Positive oder eher Negative überwiegt. Durch belastende Erlebnisse sollte man sich daher nicht unterkriegen lassen, sondern eine gewisse – wie man auch sagt – *Stressresilienz* entwickeln.

Um dahin zu gelangen ist es zunächst einmal wichtig, sich seine Lebenssituation unvoreingenommen und realistisch denkend bewusst zu machen. Nur dann ist man in der Lage, daraus wirklich konstruktive und erfolgsdienliche Konsequenzen zu ziehen.

Diesen Prozess der Bewusstseinsbildung zu wecken und zu unterstützen, ist das Anliegen dieses Buchs. Es soll und kann Ihnen keine Patentrezepte liefern – dazu ist das

Leben zu bunt und vielfältig. Die individuellen Lebenssituationen können höchst unterschiedlich sein und es spielen auch die individuellen Mentalitäten sowie die daraus resultierenden Gefühlsreaktionen eine maßgebliche Rolle.

Daher habe ich zu den einzelnen Problembereichen in der Regel einige Fragen formuliert, die Sie zu einem realitäts- und zielbewussten Nachdenken anregen sollen, denn nur Sie selbst können daraus die zweckdienlichsten Schlussfolgerungen für Ihre Lebensführung und Lebensplanung ziehen. Ich werde Ihnen dazu lediglich einige vielleicht hilfreiche Alternativen aufzeigen.

Zuvor aber noch zwei formale Anmerkungen zu den Texten:

a) Des Leseflusses wegen habe ich darauf verzichtet, bei Personenbezeichnungen, die als genderneutrale Kollektivbegriffe gemeint sind, stets beide sprachlichen Geschlechter zu nennen. Mit dem Gattungsbegriff „der Seminarteilnehmer" sind auch weibliche Personen gemeint und „die Führungskraft" kann hierbei biologisch gesehen auch männlichen Geschlechts sein.

b) Wenn Sie sich die Blankoformulare der abgebildeten Tabellen oder Checklisten im Original-A4-Format ausdrucken oder sich davon auf Ihrem Computer Dokumentvorlagen einrichten wollen, schicke ich Ihnen gerne kostenlos die jeweiligen elektronischen Word-Dateien. Senden Sie einfach eine E-Mail an die Adresse *hartmutlaufer@t-online.de* und nennen Sie die gewünschten Seitennummern.

Ihr Autor

Hartmut Laufer

1. Was macht mich glücklich und zufrieden?

Voraussetzungen für ein glückliches Leben

Was unter „Glück" zu verstehen ist

Seit je her beschäftigt sich die Wissenschaft mit der Frage, wann man *glücklich* ist. Mittlerweile gibt es sogar die *Glücksforschung* als besondere Disziplin. Ratgeber und Talkshows zum Thema „Wie werde ich glücklich?" haben Konjunktur.

Glücklich zu sein ist ein emotionaler Zustand, der sich nicht an präzisen Kriterien messen lässt. Glück wird je nach persönlicher Mentalität unterschiedlich empfunden und kann entsprechend der augenblicklichen Lebenssituation stark schwanken. Es ist kein dauerhafter, sondern zeitlich begrenzter Zustand. Er kann mitunter sogar nur ein sogenannter *Glücksmoment* oder *Glücksfall* sein. Bestenfalls hat man mal ein *Glückssträhne*.

Wonach wir aber normalerweise streben, ist ein dauerhafter Zustand, mit dem wir zufrieden sind – nämlich die Lebensumstände unseren Vorstellungen und Wünschen entsprechen. Sind diese Bedingungen überwiegend gegeben, fühlen wir uns im Durchschnitt glücklich, spricht man dann auch vom *Lebensglück*.

Daraus schließt:

> **Zu Glück gelangt man nur über Zufriedenheit.**

Sind wir hingegen extrem oder ständig unzufrieden, kann es uns augenblicklich oder sogar dauerhaft unglücklich machen.

Was macht zufrieden?

In einer Studie des Deutschen Instituts für Wirtschaftsforschung werden seit 1984 jährlich rund 85.000 deutsche Teilnehmer in verschiedenartigen Lebenslagen jährlich wiederkehrend befragt, wie zufrieden sie mit ihrem Leben sind.

Nach nunmehr 10 Jahren hat der Soziologe *Martin Schröder* die gewonnenen Daten erstmalig im Detail ausgewertet und ist dabei zu erstaunlichen Erkenntnissen gekommen. Sie räumen mit manchen seit jeher gepflegten oder populären Vorurteilen auf. Zum Beispiel zeigte es sich, dass die meisten Ehefrauen zufriedener sind, wenn sie mehr Hausarbeit machen als ihre Männer. Bei den Männern ist es hingegen umgekehrt. Oder dass Kinderkriegen nur über eine relativ geringe Dauer hinweg wesentlich glücklicher macht. (Kinder kosten Geld und erfordern von den Eltern so manchen Verzicht!)

In seinem 2020 erschienenen Buch *„Wann sind wir wirklich zufrieden?"* erläutert Schröder seine Auswertung der Befragungsergebnisse ausführlich, dabei aber anschaulich und humorvoll. Er behandelt dabei unterschiedliche Lebensbereiche: Von der Familie über den Beruf, die Freizeit, Freundschaften, Politik und Gesundheit bis hin zum persönlichen Lebensstil und den Persönlichkeitseigenschaften. Sein verkürzt dargestelltes Resümee:

- Zufriedenheit geht nicht mit maximal gesteigertem Vergnügen einher. Menschen die gerne mal einen trinken sind zufriedener als andere. Jedoch nicht, wenn sie jeden Tag oder mit steigenden Mengen trinken. *Immer mehr* bedeutet nicht *immer besser*, sondern die Gewöhnung lässt den Genuss abnehmen.
- Die Suche nach Vergnügen ist nichts Verwerfliches, solange man der Gewöhnung entgeht. Daher sollte man versuchen, sich immer wieder unterschiedliche Vergnügen zu schaffen.

- Man sollte sich dessen stets bewusst sein, dass man kein Leben haben kann, in dem man *ständig* zufrieden ist.

> **Das Streben nach Lebensglück kann gelingen, wenn man die Phasen der Zufriedenheit bewusst und dankbar wahrnimmt.**

Lebensphilosophie und Lebenskonzeption

Mit zunehmendem Alter wird die persönliche Weiterentwicklung immer mehr zur *eigenen* Aufgabe. Es bringt immer weniger, die Verantwortung für eventuelle Persönlichkeitsmängel oder unerwünschte Eigenschaften auf die Erziehung oder Gesellschaft abzuschieben.

Die unterschiedlichen Lebensphilosophien

Von je her bewegt Menschen die Frage, wer oder was ihren Lebensweg bestimmt. Religiöse Menschen glauben, der oder die Götter bestimmen wie unser Leben verläuft. Andere meinen, es gebe für jeden von uns ein großes Buch, in dem im Voraus unser Schicksal aufgeschrieben ist.

Übersinnliches ablehnende, eher materiell und wirklichkeitsgeprägte Menschen sind der Überzeugung, ausschließlich die naturgegebenen Umweltbedingungen und die Einflüsse der Mitmenschen sind dafür entscheidend, wie sich unser Leben gestaltet beziehungsweise welche Gestaltungsmöglichkeiten man hat.

Demzufolge tendieren manche Menschen dazu, sich fatalistisch in ihr Schicksal zu ergeben oder finden sich einfach damit ab, weitgehend fremdbestimmt leben zu müssen. Während ausgesprochene Tatmenschen größten

Wert auf Selbstverwirklichung und ein selbstbestimmtes Leben legen.

Philosophische und religiöse Lebenskonzepte

Schon die Philosophen der griechischen Antike predigten unterschiedliche Lebensprinzipien. Einige wie Thales, Pythagoras oder Aristoteles suchten die Welt durch naturwissenschaftliche Erkenntnisse zu erklären und stützten sich dabei auf strikt rational erklärbare logische Zusammenhänge.

Andere große Denker wie Sokrates oder Platon waren auf der Suche nach dem sittlich wahrhaft Guten in der Lebensführung und den Maßstäben für ein gerechtes und glückliches Zusammenleben der Menschen. Epikur wiederum hielt die sinnliche Lust und die Abwesenheit von Leid und Schmerz für die Voraussetzungen von Lebensglück und Zufriedenheit.

Im Gegensatz dazu stehen die vielen religiösen Lehren, die im Allgemeinen von einer göttlichen Vorsehung sowie einem gottbestimmten irdischen Dasein ausgehen und zu einem paradiesischen Jenseits hinführen wollen. Manche Religionsgemeinschaften glauben an einen einzigen Schöpfer, andere verehren mehrere Götter. Wieder andere erklären sich die Entstehung der Welt sowie das Leben und den Tod auch auf ganz andere Weise.

Die persönliche Lebenskonzeption

Im Interesse der persönlichen Zufriedenheit und psychischen Gesundheit ist es wichtig, sich beizeiten darüber klarzuwerden, wonach man streben will, um eine höchstmögliche *Lebensqualität* zu erzielen. Dazu sollten Sie sich einmal folgende Fragen vorlegen:

- „Worin sehe ich in erster Linie den Sinn meines Lebens – wozu fühle ich mich berufen?“

- „Wie will ich leben – mein Leben gestalten?“
- „Was sind meine vorrangigen Neigungen – was macht mir am meisten Spaß und schafft mir die höchste Genugtuung?“
- „Was sind meine persönlichen Stärken – über welche naturgegebenen Anlagen verfüge ich und welche Fähigkeiten habe ich bisher erworben?“
- „Wo sehe ich mein hauptsächliches Steigerungspotenzial – worin meine ich mich mit vertretbarem Aufwand am meisten weiterentwickeln zu können?“

Bei den Überlegungen zu diesen Fragen sollten Sie sich nicht vom herrschenden Zeitgeist – oder wie man heute gerne sagt – dem „Mainstream“ leiten lassen. Sie sollten sich also nicht von den aktuellen Meinungen, Ansichten und Strömungen der Gesellschaft beeinflussen lassen und sich an keinen Modetrends ausrichten, die ohnehin meist nur von geringer Dauer sind.

Viel wichtiger ist, dass Sie sich Ihrer ganz individuellen Bedürfnisse bewusst sind, wenn Sie ein selbstbestimmtes und erfüllendes Leben anstreben – unbeeinflusst von irgendwelchen politischen oder weltanschaulichen Ideologien.

Dennoch soll das nicht generell ausschließen, sich bei der persönlichen Lebensplanung angemessen kritisch auch an geeigneten Vorbildern zu orientieren. Das können natürlich vor allem die eigenen Eltern oder nahe Verwandte sein, aber auch berühmte Persönlichkeiten.

Selbstverantwortung und Zielorientierung

Viele Menschen in unserer heutigen Gesellschaft haben es jedoch verlernt, das eigene Leben als aktive Aufgabe anzunehmen. Sie verzichten auf ihre Selbstverantwortung und flüchten sich lieber in die bequemere Opferrolle. Kommt es dann zu latenter Unzufriedenheit oder sogar depressiven Gemütszuständen, machen sie vor allem ihren Arbeitgeber, die Technik, die Politik oder das persönliche Umfeld dafür verantwortlich.

Man sollte sich dessen stets bewusst sein, dass man für die eigene Lebensführung in erster Linie selber verantwortlich ist.

Dazu gehört, dass Sie sich klare Lebens- und Berufsziele setzen. Nur mit klaren Zielvorstellungen ist man in der Lage, in wichtigen Lebens- sowie Berufssituationen fundierte Entscheidungen zu treffen und zielgerichtet zu handeln. Andernfalls kommt es zu mehr oder weniger planlosen Aktivitäten, bei denen es reine Glückssache ist, ob man etwas Wünschenswertes erreicht.

Der Lebensweg eines jeden Einzelnen ist letztendlich das Ergebnis der Summe seiner vielen im Lauf der Zeit getroffenen Entscheidungen. Zwar werden naturgemäß manche der Entscheidungen nicht hundertprozentig zielführend sein, jedoch müssen die Schritte in die richtige Richtung *überwiegen* und nicht solche, die von den übergeordneten Lebenszielen eher abbringen. Andernfalls wird man sich manche erzielte Erfolge durch unbedachte Entscheidungen selber wieder zunichtemachen und bleibt der angestrebte Lebenserfolg zwangsläufig aus.

Lebensglück ist die Summe persönlicher Erfolge und Erfolge sind letztlich erreichte Ziele.

Motivierende Zielsetzungen

Die Art der persönlichen Zielsetzungen ist von nicht zu unterschätzender Bedeutung. Setzt man sich beispielsweise unrealistisch hohe Lebens- oder Berufsziele, sind demotivierende Misserfolge bereits vorprogrammiert.

Auch sollte man sich nur *echte* Ziele setzen. Als ein echtes Ziel bezeichnet man die Beschreibung eines geplanten *Endzustands*. Sagt man: „Ich *möchte am liebsten* Tischlermeister werden“, ist das nur ein diffuser Wunsch. Die Formulierung: „Ich *werde* eine Tischlerlehre *beginnen*“, ist dagegen ein echtes Ziel. Es benennt einen kokreten Zustand und löst mithin einen stärkeren inneren Erfolgswillen aus.

Wünschen kann man sich alles Mögliche – und auch Unmögliche! Echte Ziele hingegen müssen unter den zu erwartenden Bedingungen realisierbar sein.

Andererseits sollte man aber auch nicht ängstlich jeden Misserfolg zu meiden suchen und sich dagegen absichern wollen. Ebenso sollte man sich nicht in traditionell deutscher Bescheidenheit seine eigenen Fähigkeiten selber geringreden. Vielmehr ist es lohnenswert, sich ab und an seine bisherigen Lebenserfolge – und irgendwelche hat jeder aufzuweisen – differenziert und unvoreingenommen bewusst zu machen.

Die nachstehende Checkliste kann Ihnen bei dieser Bilanzierung behilflich sein. Vermerken Sie darin diejenigen Qualifikationen, Fähigkeiten und Leistungen, die Sie zu Ihren Stärken zählen. Legen Sie dabei keine absoluten Maßstäbe oder die anderer Menschen an. Messen Sie sich ausschließlich an Ihren *eigenen* Zielen und Möglichkeiten.

Nehmen Sie sich dazu Zeit und überdenken Sie in aller Ruhe Ihre einzelnen Wissens- und Erfahrungsbereiche. Sie werden sicher überrascht sein, wie viel Ihnen hierbei einfällt!

Meine Fähigkeiten und Leistungen

Bildung

- Schulabschlüsse
- Berufsausbildungen
- Berufliche Weiterbildungen
- Außerberufl. Qualifikationen

Beruf

- Karriere, beruflicher Aufstieg
- Herausragende Aufgaben
- Spezielle Kenntnisse
- Einkommenshöhe
- Erworbene Privilegien

Privatleben

- Familienleben, Kindererziehung
- Bereichernde Freundschaften
- Vermögensbildung
- Bewältigte Schicksalsschläge
- Kulturelles, Sport, Hobbies

Öffentlichkeit

- Wohltätiges Engagement
- Politische Aktivitäten
- Gemeinnützige Spenden
- Ehrungen, Ehrenämter

Persönlichkeit

- Wertvolle Charaktermerkmale
- Positive ethische Grundsätze
- Selbstsicherheit, Geselligkeit
- Umgangsformen, Gesprächsverhalten
- Spezielle Fähigkeiten, Begabungen
- Wichtige Lebenserfahrungen

Seien Sie stolz auf das Erreichte – nicht jeder kann auf derartige Erfolge zurückblicken! Lesen Sie sich Ihre Notizen nach einiger Zeit wieder mal durch und aktualisieren Sie dabei die Liste.

> **Stellen Sie sich auch künftig immer wieder mal neuartigen echten Herausforderungen, um daran weiter wachsen zu können.**

Die Kraft des positiven Denkens

Wissenschaftliche Untersuchungen haben erwiesen, dass durch ein positives, erfolgsorientiertes Denken und Fühlen opiumähnliche Botenstoffe (sogenannte *Glückshormone*) im Körper freigesetzt werden.

Sie lösen Glücksgefühle aus, senken den Stresspegel und steigern das allgemeine Wohlbefinden. Außerdem bewirken sie das Verlangen nach erneutem positiven Erleben und setzen dadurch zusätzliche mentale Energien frei. Also sollten Sie positiv denkend vor allem darauf ausgerichtet sein, was Sie tun und *erreichen* möchten, statt daran zu denken, was Sie *vermeiden* wollen.

> **Positives Denken stimmt zuversichtlich und setzt nachweislich stärkere innere Kräfte frei als eine pessimistische Gefühlslage.**

Ebenso sollten Sie sich selber keine unnötigen Befehle erteilen, indem Sie sich beispielweise sagen: „Heute *muss ich* unbedingt mal wieder zum Friseur gehen!“ Oder anders formuliert: „Heute *darf ich nicht* vergessen zum Friseur zu geben!“ Wenn Sie aus reiner Gewohnheit überwiegend in befehlender oder verbietender Weise formulieren, werden Sie sich im Unterbewusstsein permanent fremdbestimmt fühlen, was zu einer angespannten, passiven Grundhaltung führt. Sagt die innere Stimme dagegen: „Heute Abend *will* ich mal wieder zum Friseur gehen“, stimmt das entspannter und aktivierender – und ist auch zutreffender: Denn vermutlich wird die Welt nicht untergehen, wenn Sie erst morgen oder nächste Woche den Friseur aufsuchen!

Ausgesprochene oder auch nur gedanklich formulierte Worte wirken sich auf das Unterbewusstsein oft stärker aus als man glaubt!

Gestaltung der verschiedenen Lebensbereiche

Die vier wichtigsten Lebensfelder

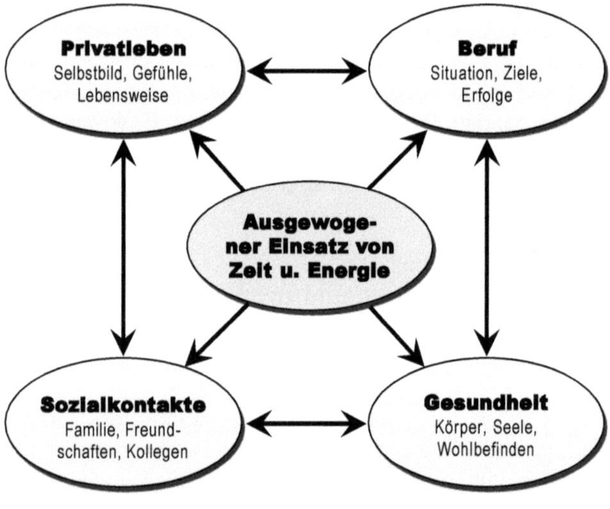

Ein ausgewogenes Lebenskonzept zeichnet sich dadurch aus, dass man seine wesentlichen Lebensfelder in eine gesunde Balance bringt. Man spricht daher mitunter auch von einer ausgewogenen *Work-Life-Balance*.

Das bedeutet, dass man jedem dieser Bereiche einen angemessenen Anteil der eigenen Aufmerksamkeit, Zeit und Energie widmen sollte, um ein Höchstmaß an Lebensqualität und Zufriedenheit zu erzielen.

Das Privatleben

Es sollte der ruhende, kraftspendende Gegenpol zu den Anforderungen des Berufslebens sein. Nur wer ein intaktes Privatleben hat, wird auch im Beruf die Gelassenheit und Ausgeglichenheit eines zufriedenen, in sich ruhenden Menschen ausstrahlen.

In unserer Leistungsgesellschaft besteht allerdings vielfach die Gefahr, dass die privaten Vorlieben wie Lesen, Reisen, Gartenarbeit oder sonstige Hobbys berufsbedingt zu kurz kommen. Das Ergebnis dieser Unausgewogenheit können Überforderungen, andauernde mentale Erschöpfung, Unzufriedenheit und in der Folge gesundheitliche Beschwerden sein.

Die Sozialkontakte

Sowohl für das Privat- als auch das Berufsleben spielen die zwischenmenschlichen Beziehungen eine maßgebliche Rolle für die Zufriedenheit und das Glücksgefühl. Erst die Reflexion durch andere Menschen lässt uns Anerkennung und Wertschätzung erleben.

Was das heutige Berufsleben anbelangt, so führen die häufigen Personaleinsparungen verbunden mit steigenden Leistungsanforderungen leider dazu, dass die Zeit für zwischenmenschliche Kontakte am Arbeitsplatz immer knapper wird. Gespräche zwischen Kollegen, ob arbeitsbezogen oder im kollegialen Umgang, werden immer seltener. Hinzu kommen die vereinzelnden Kommunikationstechniken, die durch seelenlose E-Mails und SMS direkte Gespräche weitgehend überflüssig machen.

Die Gesundheit

Naturgemäß sind alle vier Lebensfelder, wie auch die Abbildung zeigt, miteinander verknüpft und beeinflussen sich gegenseitig. Vor allem ist die Gesundheit – körperliche sowie seelische – eine fundamentale Voraussetzung für alle Lebensbereiche und können sich andererseits sämtliche Lebenseinflüsse auf die Gesundheit positiv wie negativ auswirken. Insbesondere durch die heutzutage vielerorts zunehmenden beruflichen Belastungen kommt der Gesundheitsvorsorge eine steigende Bedeutung zu.

Der Beruf

Wie die vorstehenden Schilderungen zeigen, hat die Berufstätigkeit wiederum Rückwirkungen auf die anderen Bereiche. Denn will man im Beruf erfolgreich sein, ist man zwangsläufig bestimmten Belastungen ausgesetzt, durch die es zu Überforderungen, Erschöpfungszuständen oder Ärger mit Kollegen bzw. Vorgesetzten kommen kann. Letzteres beeinträchtigt dann mitunter dauerhaft die Sozialkontakte am Arbeitsplatz.

Hat man am Arbeitsplatz häufiger Ärger oder als selbstständig Tätiger gravierende existenzielle Sorgen, ist es kaum vermeidbar, dass sich das auch auf die Stimmung und Belastungsfähigkeit im Privatleben auswirkt. Der Lebenspartner wird dann mitunter der „Blitzableiter“ für den beruflichen Kummer und die Feierabendstimmung leidet darunter. Werden beruflicher Ärger und Sorgen zum Dauerzustand, kann es auf diese Weise zu schwerwiegenden familiären Krisen kommen.

Trotz aller berufsbedingten Zwänge hat man es aber im Allgemeinen ein Stück weit selbst in der Hand, inwieweit es zu schädigenden beruflichen Überlastungen kommt oder sich die Anforderungen in einem erträglichen Rahmen halten. Gründe für selbstverschuldete extreme berufliche Belastungen können sein:

- Ehrgeiziges Streben nach Macht und Führungsbefugnis
- Ständiges Bemühen um Lob und Anerkennung
- Imagepflege (Drang nach Ansehen oder Beliebtheit)
- Hohe Leistungsbereitschaft zwecks Einkommenssteigerung
- Hinnehmen unzumutbarer Arbeitsmengen oder Überstunden aufgrund mangelnden Selbstbewusstseins
- Verschleiern persönlicher Überforderungen wegen Peinlichkeit oder aus Angst um den Arbeitsplatz

Aber nicht alleine das *messbare* Leistungsvolumen ist dafür entscheidend, inwieweit man sich sehr belastet oder gar überlastet fühlt. Eine maßgebliche Rolle spielt auch die *gefühlte* Arbeitsqualität. Nämlich ob man seine Arbeitsaufgaben vorrangig als motivierende, bereichernde Bestandteile des Lebens empfindet oder als unerträgliche Bürde. Ob man sich ausgesprochen fremdbestimmt fühlt oder

- die Arbeitsinhalte den persönlichen Neigungen und Interessen entsprechen,
- man weitgehende Entscheidungsfreiheit hat,
- Einfluss nehmen kann auf die Gestaltung der eigenen Arbeit,
- seine Kreativität und Berufserfahrungen einbringen kann und diese anerkannt werden,
- man sich im positiven Sinn gefordert fühlt und an seinen Aufgaben wachsen kann.

2. Wer bzw. was hat mich entscheidend geprägt?

Das Erbgut des Menschen

Sowohl die körperlichen als auch die grundlegenden charakterlichen Merkmale wie Intelligenz und Persönlichkeit eines Menschen hängen maßgeblich von den ererbten genetischen Veranlagungen der Vorfahren ab. In direkter Linie sind das die Eltern und Großeltern. Die DNA im Kern jeder Körperzelle enthält alle wichtigen Erbinformationen.

Vielleicht ist es für Sie interessant, sich mal bewust zu machen, welche Persönlichkeitsmerkmale Sie von ihren nächsten Verwandten geerbt haben. Wem Sie also am meisten ähneln und in welcher Hinsicht. Markieren Sie dazu in der Tabelle die zutreffen Felder.

Persönlichkeitsmerkmale	Vater	Mutter	Groß-vater	Groß-mutter
Körpergröße, Statur				
Körperkräfte, Kondition				
Gesichtsausdruck, Mimik				
Körperhaltung, Gestik				
Stimmlage, Lautstärke				
Summe der Körpermerkmale				
Aufrichtigkeit, Zuverlässigkeit				
Gesprächigkeit, Humor				
Hilfsbereitschaft, Toleranz				
Ordnungsliebe, Korrektheit				
Sparsamkeit, Genügsamkeit				
Summe der Wesensmerkmale				

Veränderbarkeit der genetischen Merkmale

Lange dachte man, die Gene eines Menschen seien ein starrer Code, der ihn unabänderlich prägt. Im Lauf der letzten Jahrzehnte hat die Wissenschaft jedoch erkannt, dass sich die verhaltensbestimmenden Gene durch die jeweilige Lebensweise langfristig wandeln können.

> **Das Erbgut ist nicht lebenslang unveränderbar, sondern es können manche Merkmale von der Umwelt beeinflusst und modifiziert werden.**

Dabei ändert sich aber nicht unbedingt die Sequenz des Erbguts. Die Modifikationen bestimmen aber ob ein Gen aktiv ist oder nicht. Bei diesen Modifikationen spricht man von *Epigenetik.*

Ernährt man sich beispielsweise sehr gesund und bewegt sich viel, speichern die Körperzellen die entsprechenden Informationen ab und werden sie mit dem Erbgut an die Nachkommen weitergegeben – werden sich diese tendenziell ebenso verhalten. Darüber hinaus wirkt sich diese Lebensweise auch auf das Muskel- und Knochenwachstum aus und beeinflusst somit die ebenfalls vererbbaren sichtbaren Körpermerkmale. Ähnliche Veränderungsprozesse werden aber auch durch entspannende Aktivitäten wie Musikhören oder meditative Tätigkeiten ausgelöst.

Lebenslange Persönlichkeitsentwicklung

Entwicklung während der Kindheit und Jugend

Insbesondere die frühkindlichen Erfahrungen durch die Erziehung in Familie, Kindergarten und Schule bilden die entscheidenden Grundlagen für die Persönlichkeitsentwicklung. Mit zunehmendem Lebensalter kann aber auch der Umgang mit Freunden und können die ersten

Liebesbeziehungen an Bedeutung gewinnen – können sich manche erziehungsbedingten Grundeinstellungen im Extremfall sogar ins Gegenteil kehren!

Phase zwischen Schulabschluss und Berufseinstieg

Weitere wesentliche Komponenten für die Persönlichkeitsentwicklung sind die Erfahrungen die ein Heranwachsender während der Umbruchsphase zwischen Schule und Beruf sammelt. In der Berufsausbildung bzw. im Studium werden die jungen Menschen vor konkrete neuartige Herausforderungen gestellt. Neben den gezielten geistigen Anforderungen erfordern insbesondere gewerbliche Berufsausbildungen von Jugendlichen oft ungewohnt hohe, mitunter sogar extreme körperliche Anstrengungen.

Die mich prägenden Ereignisse und Erlebnisse

Situatives Entscheiden

Tendenziell entscheidet man sich in bestimmten Situationen immer wieder nach demselben Verhaltensmuster und reagiert man mit den gleichen Ängsten oder Aggressionen.

Der amerikanische Psychologe *Phillip McGraw* hat bei seiner Arbeit mit Patienten herausgefunden, dass solche Verhaltensmuster durch einschneidende Erlebnisse entstehen. Und zwar nicht nur solche, die in der Kindheit geschehen sind. Er hat dazu ein Hilfesystem entwickelt, mit dem man prägende Lebenserfahrungen entdecken kann, die man glaubt, bereits vergessen zu haben.

McGraws machte die verblüffende Entdeckung, dass es fast nie mehr als 10 Ereignisse sind, die das Leben entscheidend beeinflussen. Falls es deutlich mehr sind, fasst unser Persönlichkeitsgedächtnis sie so zusammen, dass die Zahl 10 dennoch nicht überschritten wird. Es werden dabei einzelne Ereignisse als *Muster* für Ähnliches gespeichert.

Ermitteln der 10 prägendsten Erlebnisse

Wenn Sie es sich einmal bewusst machen wollen, welches Ihre prägendsten Erlebnisse waren, gehen Sie bitte folgendermaßen vor: Notieren Sie zunächst auf einem Zettel in zeitlicher Reihenfolge diejenigen Momente Ihres Lebens, die Ihnen als besonders wichtig erscheinen. Nehmen Sie sich dazu Zeit. Wenn Ihnen momentan nichts Wesentliches mehr einfällt, können Sie zwischendrin ruhig ein paar Tage pausieren.

Gehen Sie dabei die nachstehend genannten Lebensabschnitte einzeln durch und fragen Sie sich, welche Ereignisse in der jeweiligen Spanne Ihnen noch am lebhaftesten in Erinnerung sind.

1. – 5. Lebensjahr

In dieser Phase handeln Ihre wichtigsten Momente typischerweise vom Umgang mit Ihren Eltern. Aber auch eine Krankheit oder ein Angsttraum ist häufig ein prägendes Moment.

6. – 12. Lebensjahr

Hier werden vorrangig Erlebnisse mit Ihren Lehrern oder Altersgenossen eine wichtige Rolle spielen.

13. – 20. Lebensjahr

Meist prägen diese Phase besondere Enttäuschungen, neue Entdeckungen, Einsamkeit, Zukunftsvisionen oder erotische Erfahrungen.

21. – 38. Lebensjahr

Diese Phase ist üblicherweise von Berufstätigkeit, Ehe und eigenen Kindern bestimmt.

39. – 55. Lebensjahr

Es ist meist der Beginn einer neuen Lebensära, in der man sich weitestgehend etabliert hat und die weitere Zukunft absichern will. Prägende Momente sind hier häufig Erlebnisse, die diese Sicherheit in Frage stellen.

Ab 56. Lebensjahr

Ab hier gewinnen der nahende Ruhestand, die Abnahme familiärer und sonstiger sozialer Kontakte, die gesundheitliche Verfassung sowie Gedanken ans Lebensende an Bedeutung.

Schlussfolgerungen

Markieren Sie nunmehr die 8, 9 oder 10 Erlebnisse, die Ihnen besonders erwähnenswert erscheinen und durch die Sie wichtige Lebenserfahrungen gewonnen haben.

Notieren Sie zu jedem dieser Ereignisse, was Sie daraus Nützliches für Ihr weiteres Leben und Ihre Persönlichkeitsentwicklung mitbekommen haben. Das gilt auch für die schlimmsten und tragischsten Ereignisse, denn Ihr aktueller Persönlichkeitswert ist sicher auch durch negative Erlebnisse und seelische Narben geprägt.

> **Auch die negativsten Erfahrungen wecken in uns Kräfte, auf die wir während unseres weiteren Lebens zurückgreifen können.**

(Quelle: Phillip McGraw: Lebensstrategien. mvg, 2007)

3. Wie sehe ich mich – wie sehen mich andere?

Selbstbild oder Wunschbild?

Die Selbstwahrnehmung

Menschen glauben im Allgemeinen, alles über sich zu wissen, haben aber tatsächlich nur ein unvollständiges Selbstbild. Familienmitglieder, Freunde, Kollegen oder sonstige Personen des engeren Umfelds wissen oft Dinge über uns, die wir persönlich gar nicht wahrnehmen oder nicht wahrnehmen wollen – die unser Unterbewusstsein zwar kennt, sich aber dagegen sträubt. Um mit uns selbst im Einklang zu sein, neigen wir dann dazu, unerwünschte Charakter- und Verhaltensmerkmale zu bagatellisieren oder sogar ins Positive umzudeuten. Bewusst oder unbewusst schaffen wir uns ein eigenes *Wunschbild*.

Das sogenannte *Johari-Fenster* veranschaulicht diese Zusammenhänge. Es ist ein Modell, das von den amerikanischen Sozialpsychologen *Joseph Luft* und *Harry Ingham* entwickelt wurde.

(Quelle: Joseph Luft: „Einführung in die Gruppendynamik“)

Johari-Fenster

	Mir bekannt	Mir unbekannt
Anderen bekannt	Öffentliche Person	Blinder Fleck
Anderen unbekannt	Mein Geheimnis	Unbekanntes

Mehr oder weniger haben alle Menschen in ihrer Selbstwahrnehmung diesen *blinden Fleck*, denn jeder psychisch gesunde Mensch neigt dazu, sich bei der Selbstwahrnehmung in ein gutes Licht zu rücken. Es ist ein soziopsychologischer Selbstschutzmechanismus, der es gewährleistet, dass man mit sich selbst zufrieden sein kann.

Diskrepanz zwischen Selbst- und Fremdbild

Je größer der blinde Fleck jedoch ist, desto mehr weicht das persönliche *Selbstbild* vom *Fremdbild* ab. Das heißt, andere Menschen nehmen uns anders wahr als wir selbst. Schlimmstenfalls ist das Selbstbild dann sogar völlig unrealistisch.

Ist die Diskrepanz zwischen Selbst- und Fremdbild sehr groß, kann es auf Dauer zu massiven psychischen Problemen führen: Man fühlt sich ständig missverstanden, es kommt dadurch zu häufigen Konflikten oder führt zu persönlicher Hilf- und Ratlosigkeit – bis hin zu Minderwertigkeitskomplexen, echten seelischen Krisen oder sogar krankmachenden Depressionen.

Entgegengesetzte Folgen überzogener Selbstzweifel können Selbstüberschätzung, Rechthaberei und Arroganz sein. Persönlichkeitsmerkmale, die häufig bei besonders erfolgreichen Menschen anzutreffen sind. Beispiele finden sich häufig unter Managern, Politikern oder sonstigen Prominenten. Durch ein angepasstes Verhalten von persönlich Abhängigen, Günstlingen oder Bewunderern werden sie in ihrer Überheblichkeit oft *bestätigt*, was ihre Verhaltensweisen noch *verstärkt*.

Wobei es allerdings fraglich ist, ob Menschen mit einem derart überhöhten Selbstbild im Grunde ihres Herzens glücklich sind oder langfristig nicht sogar unter mangelnder *echter* menschlicher Zuneigung seelisch leiden.

Im Interesse der eigenen seelischen Gesundheit, sollte man sich um eine realistische Selbsteinschätzung bemühen.

Selbstreflexion und Selbsterkenntnis

Insbesondere für junge Menschen ist eine realistische Selbstreflexion eine der wesentlichen Voraussetzungen, um innere Unabhängigkeit zu gewinnen und eine optimistische Lebenseinstellung zu entwickeln. Nur wer sich selbst kennt – über seine Stärken, Schwächen, Vorlieben und Eigenarten Bescheid weiß – ist in der Lage, das eigene Verhalten objektiv wahrzunehmen, zu analysieren und gegebenenfalls Verhaltensänderungen anzustreben. Vor allem im Berufsleben ist es wichtig, sich trotz zunehmender Fremdbestimmung seine innere Unabhängigkeit weitgehend zu bewahren, um unter den nun mal oft gegebenen beruflichen Zwängen nicht unglücklichmachend zu leiden – sie als natürliche Herausforderungen des Lebens anzunehmen.

Eine fundierte Selbstreflexion braucht Zeit und sollte keine einmalige Sache sein, sondern in angemessenen Zeitabständen immer mal wiederholt werden. Um sich realistisch einschätzen zu können, sollten Sie sich einmal die folgenden Fragen vorlegen und sich bemühen, diese ehrlich und vorurteilslos zu beantworten.

- „Was macht mich glücklich und zufrieden?“
- „Was sind meine wichtigsten Lebensziele?“
- „Was sind meine besonderen Fähigkeiten?“
- „Welche Tätigkeiten machen mir am meisten Spaß?
- „Welches sind meine bisher wichtigsten Erfolge?
- „Worin möchte ich mich noch verbessern?“

Für das gezielte Bewusstmachen der persönlichen Fähigkeiten war bereits im Kapitel 1 unter „Motivierende Zielsetzungen“ ein entsprechender Selbsttest abgebildet. Ziel der Selbstreflexion ist die *Selbsterkenntnis*: Nämlich neues Wissen über die eigene Person zu erlangen: Hinsichtlich des eigenen Fühlens, Denkens und Handelns manches zu begreifen, was einem zuvor nicht klar war.

Meine Wirkung auf andere

Verhaltensäußerungen in der Kommunikation

Es ist schwierig, die eigene Fremdwahrnehmung – also wie einen andere normalerweise sehen – zutreffend einzuschätzen. Denn etwa 80 Prozent unserer Persönlichkeitssignale, an denen wir gemessen werden, senden wir unbewusst. Hingegen erfolgen nur etwa 20 Prozent unserer Persönlichkeitsäußerungen bewusst. Ständig senden wir vor allem *unbewusste körperliche* Signale, von denen wir nicht wissen, inwieweit der Gegenüber sie tatsächlich registriert hat und wie er sie interpretiert. Daher sollten Sie gelegentlich darüber nachdenken, wie Sie im Umgang mit anderen wirken möchten. Überlegen Sie, wie Sie Ihre verbalen und nonverbalen Ausdrucksmittel optimieren könnten, damit Sie in der gewünschten Weise wahrgenommen werden.

> **Für eine zielbewusste Verhaltensoptimierung ist es erforderlich, sich zunächst einmal darüber klarzuwerden, was für ein Fremdbild man gegenüber anderen normalerweise abgibt.**

Erwerb eines realistischen Selbstbilds

Die einzige Möglichkeit, die eigene Wirkung auf Mitmenschen zuverlässig einzuschätzen, ist diese zu fragen. Natürlich werden Sie dazu nicht irgendwelche x-beliebigen Leute befragen wollen. Es bieten sich dazu vor allem Familienangehörige, Freunde oder gute Bekannte an.

Darüber hinaus können Sie sich aber auch im Arbeitsumfeld von vertrauenswürdigen Kollegen gelegentlich ein ehrliches Feedback geben lassen.

Doch auch wenn man sich der eigenen Wirkung bewusst ist, stellt sich natürlich die Frage, ob man denn seine Kommunikationsgewohnheiten überhaupt gezielt verändern kann. Die Antwort: Durch wiederholtes Trainieren des verbalen Sprachverhaltens sowie der Körpersprache lässt sich das durchaus erreichen. Am wirksamsten ist es, sich dabei von professioneller Seite beraten und unterstützen zu lassen. Das kann durch die Teilnahme an Rhetorikseminaren oder durch persönliche Coachings erfolgen. Zwar kann man auch alleine üben, jedoch fehlen dabei die unmittelbaren Feedbacks und fachkundigen Korrekturhinweise. Wie wirksam professionelle Trainings sein können, zeigt sich bei ausgebildeten Schauspielern oder rhetorisch trainierten Politikern. Gar nicht mal so selten handelt es sich dabei um Menschen, die einmal ausgesprochen gehemmte und unbeholfene Redner waren.

Die „gute" Menschenkenntnis

Probleme der Personenwahrnehmung

Wenn wir etwas mit unseren Sinnesorganen wahrnehmen, ist das nie ein völlig distanziertes Registrieren von Gegebenheiten, sondern handelt es sich dabei stets um ein Erlebnis, das unser Gehirn meist auch bewertet und *interpretiert*. Dabei läuft folgender Prozess ab:

- Das Gehirn gibt den empfangenen Informationen zunächst eine *gefühlsmäßige* Note und verknüpft sie dann mit bereits vorhandenen Gedächtnisinhalten.
- Dabei ergänzt es fehlende oder unverständliche Informationen durch anderweitig erworbene Kenntnisse bzw. mittels der *Fantasie*.

- Bewusst oder unbewusst messen wir das Wahrgenommene somit an unseren individuellen Wertvorstellungen sowie an früheren Erlebnissen und den daraus gezogenen Rückschlüssen.

Auf diese Weise schaffen wir uns unsere *persönliche Wirklichkeit.* Die so entstehenden individuellen Wirklichkeitsbilder können dazu führen, dass verschiedene Personen eine bestimmte Situation äußerst widersprüchlich erleben, obwohl sie alle dieselben Beobachtungsmöglichkeiten hatten.

Ein Problem, dass sich beispielsweise Kriminalbeamten bei Zeugenbefragungen immer wieder stellt und oft zu falschen Verdächtigungen und sogar Justizirrtümern führt. Es kommt gar nicht so selten vor, dass Augenzeugen eines Unfalls oder Verbrechens wichtige Einzelheiten völlig unterschiedlich gesehen haben wollen, ohne ein Interesse daran zu haben, etwas zu verschleiern. Vielmehr sind sie von ihren widersprüchlichen Schilderungen felsenfest überzeugt.

Der Psychologe und Sprachwissenschaftler *Paul Watzlawick* hat sich mit dem Wirklichkeitsbegriff auseinandergesetzt und ist zu folgender Erkenntnis gelangt:

> **Es gibt keine einzig wahre Wirklichkeit, sondern nur auf persönlichen Bewertungen beruhende individuelle Wirklichkeitsauffassungen.**

(Quelle:Paul Watzlawick: „Wie wirklich ist die Wirklichkeit“)

Entstehung und Wirkungsweise von Vorurteilen

Wie Experimente zeigen, benötigt unser Gehirn für das Erkennen und Bewerten einer Situation selten mehr als 150 Millisekunden. Das erklärt, warum wir uns normalerweise schon in den ersten 10 Sekunden des ersten Kennenlernens eines Menschen ein relativ gefestigtes Pauschalurteil über ihn gebildet haben – wir somit ein „*Vor*-Urteil“ getroffen haben. Diese vorschnellen Beurteilungen und können dazu führen, dass wir

- andere Menschen aufgrund von Fehleinschätzungen ungerecht behandeln,
- uns nicht mit ihnen verständigen können
- oder/und von falschen Voraussetzungen ausgehend Fehlentscheidungen treffen.

Unzutreffende Vorurteile können sich durch unterschiedliche persönliche Überzeugungen oder Verhaltensweisen entwickeln:

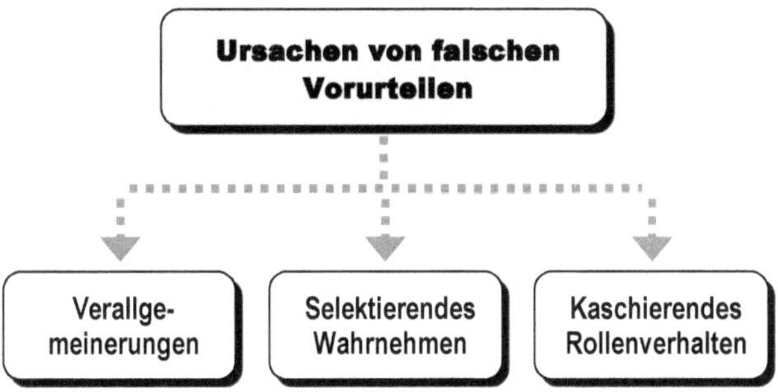

Verallgemeinerungen
Begegnen wir jemandem, der in seinen Verhaltensweisen oder äußeren Merkmalen Ähnlichkeiten mit einer uns bekannten Person aufweist, so werden wir ihm zunächst – bewusst oder unbewusst – auch die übrigen Eigenschaften der uns bekannten Person zuordnen. Hatten wir mit der ähnlichen Person entweder gute oder schlechte Erfahrungen gemacht und haben sie somit als sympathisch oder unsympathisch in Erinnerung, so neigen wir dazu, die neue Bekanntschaft zunächst ebenso einzuordnen.

Wir lassen uns also von einem Vorurteil leiten, vorverurteilen den Betreffenden sozusagen. Verhalten wir uns ihm gegenüber dann auch noch in einer durch unser Vorurteil geprägten positiven bzw. negativen Weise, so erzeugt das beim anderen logischerweise entsprechende Reaktionen, was wiederum unsere erste Einschätzung zu bestätigen scheint. Man nennt diesen Vorgang auch eine *sich selbst erfüllende Vorhersage.*

Selektives Wahrnehmen

Aus den eingangs beschriebenen Gehirnfunktionen schließt, dass wir dazu neigen, Positives bevorzugt wahrzunehmen – also alles, was unseren Wünschen, Gefühlen und Überzeugungen entspricht. Hingegen blenden wir gerne diejenigen Wahrnehmungen aus, die zu diesen Erwartungen im Widerspruch stehen. Instinktiv wollen wir nicht ohne Not in innere Zweifel geraten. Demzufolge sind unsere Beobachtungen stets mehr oder weniger auswählend.

Auch haben Erziehung, Normen des menschlichen Umfelds sowie persönliche Lebenserfahrungen in uns bestimmte Wertvorstellungen wachsen lassen. Je mehr sie sich in uns verfestigt haben, desto mehr neigen wir dazu, diese Maßstäbe an alle Mitmenschen anzulegen und abweichendes Verhalten zu ignorieren oder negativ zu bewerten. Ähnlich wie die Klischees, führen unflexible Wertmaßstäbe zu Vorurteilen und erschweren eine situationsgerechte Personenbeurteilung.

Kaschierendes Rollenverhalten

Je nach Lebenssituation fühlen sich die Menschen in unterschiedlichen Rollen und verhalten sich entsprechend. Sie versuchen sich so darzustellen, dass es ihrer momentanen persönlichen Interessenlage dient oder den Erwartungen ihres Umfelds entspricht.

Dieses vordergründige, sichtbare Rollenverhalten kann durchaus im Widerspruch zu den grundsätzlichen Überzeugungen und echten Eigenschaften des Betreffenden stehen und kann von Situation zu Situation wechseln.

Daher ist es schwierig, bei anderen Menschen zutreffend einzuschätzen, wie diese *normalerweise* sind und was sie momentan *tatsächlich* empfinden.

Schlussfolgerungen für das eigene Kommunikationsverhalten

Die gegenseitige Wahrnehmung von Gesprächspartnern und deren Bewertungen der Gesprächssituation wird stets beeinträchtigt durch innere und äußere Einflüsse. Demzufolge erleben die Beteiligten das Gespräch stets mehr oder minder unterschiedlich.

Die daraus resultierenden Gefühle und Reaktionen können irritieren und Missverständnisse oder sogar Aggressionen hervorrufen. Daher sollten Sie im Gespräch die folgenden Regeln beherzigen:

- Stellen Sie den ersten Eindruck, den Sie von einem Gesprächspartner gewonnen haben, in Frage und überlegen Sie, wodurch dieser entstanden sein könnte.
- Fragen Sie sich, ob Ihre Gefühle dem Anderen gegenüber möglicherweise auf einem Vorurteil oder Wahrnehmungsfehler beruhen.
- Beobachten Sie den Gesprächspartner aufmerksam und hören Sie ihm vorurteilsfrei zu, um die Beweggründe seiner Verhaltens- und Meinungsäußerungen zu erkennen.
- Überdenken Sie es, ob die Art und Weise, wie Sie seine Gesprächsbeiträge bewerten und wie Sie auf sie reagieren, tatsächlich gerechtfertigt ist.

Sind Sie im Beruf als Lehrer oder Vorgesetzter tätig, können sich Ihre eventuell unzutreffenden Personeneinschätzungen insbesondere bei Zeugnissen bzw. schriftlichen Mitarbeiterbeurteilungen oder beim Auswählen von Stellenbewerbern folgenschwer auswirken. Daher sollten Sie vor allem besonders gute oder schlechte

Beurteilungen stets noch einmal dahingehend kritisch überdenken, ob Sie nicht durch persönliche Sympathie bzw. Antipathie beeinflusst waren oder von fragwürdigen Beobachtungen ausgegangen sind.

Im Zweifel – und sofern machbar – kann es hilfreich sein, einen weiteren Beurteiler hinzuzuziehen.

> **Die vielzitierte „gute Menschenkenntnis“ wird oft maßlos überschätzt und führt nicht selten zu falschen Personeneinschätzungen und daraus resultierenden Fehlentscheidungen.**

4. Wie komme ich zu nützlichen Sozialkontakten?

Entwicklungsgeschichtliche Sozialisation

Der Mensch ist ein ausgesprochen soziales Wesen, das sich durch seine frühe Eltern-Kind-Bindung sowie spätere vielfältige Beziehungen als Erwachsener definiert. Zwar verfügen wir wie alle Tiere über angeborene Instinkte, Triebe und Verhaltensmuster, jedoch werden wir von Anfang an besonders stark geprägt durch Familie und sonstige soziale Kontakte – werden wir durch die Gesellschaft und Kultur geformt.

Letztendlich ist der Mensch auf soziale Beziehungen angewiesen. Er braucht sie, um sich in der Kindheit überhaupt erst zu entfalten und sich im späteren Leben weiterzuentwickeln. Um psychosoziale Fähigkeiten zu erwerben, benötigen wir Mitmenschen, da wir nur durch sie Bestätigung und Anerkennung erhalten können und nur sie uns Gefühle wie Geborgenheit, Liebe oder Trost erleben lassen.

Es ist wissenschaftlich erwiesen, dass unmittelbare Kontakte mit nahestehenden Menschen einen großen Einfluss auf unser seelisches Wohlbefinden haben. Einsamkeit und der Mangel an direkten sozialen Bindungen können dagegen auf Dauer sogar krank machen.

Kontakte mit Angehörigen, Freunden, Bekannten

Freundschaft ist ein wertvolles Gut, das vor allem auf beiderseitigem Vertrauen, Zuhören und Füreinanderdasein aufbaut. Wobei das Bewusstsein auch anderen etwas zu geben – das Gefühl etwas Gutes zu tun – langfristig auch das eigene Wohlbefinden fördert. Darüber hinaus erweitert der Austausch mit anderen den persönlichen geistigen Horizont.

Zwar ist es nicht immer möglich geschweige denn einfach, seine familiären und freundschaflichen Kontakte so zu pflegen, dass man sich regelmäßig sieht. Im Trubel des Berufsalltags mag es oft nicht leicht sein, aber auch seltene Kontakte zu den Familienangehörigen und Freunden sind wertvoll und gut investierte Zeit. Zumindest helfen sie, die Beziehungen nicht völlig einschlafen zu lassen.

Selbst gelegentliche Telefonate oder digitale Botschaften können über einen gewissen Zeitraum hinweg ausreichen, um den freundschaftlichen Austausch aufrecht zu erhalten. Doch ist und bleibt es der unmittelbare Kontakt im realen Leben, was nachhaltig glücklich machen kann. Nur gemeinsame Unternehmungen, Erlebnisse und emotionaler Beistand schaffen ein größtmögliches Verbundenheitsgefühl.

Abnehmende Zahl der Lebensgemeinschaften

Dennoch ist in den letzten Jahren ein gesellschaftlicher Trend hin zu vermehrten Singlehaushalten zu verzeichnen. Zum einen, weil heutzutage junge Menschen seltener bereit sind, eine feste Bindung einzugehen. Zum anderen, weil Ehen häufiger geschieden werden als in früheren Zeiten.

Wobei das Leben als Single nicht automatisch dazu führen muss, sich einsam und ungesund zu fühlen. Auch regelmäßige Besuche von Angehörigen oder gemeinsame Unternehmungen mit Freunden, Bekannten oder Kollegen können das Bedürfnis nach sozialen Kontakten weitgehend befriedigen. Sie können eine ähnlich positive Wirkung auf unsere seelische Gesundheit haben wie eine Paarbeziehung.

Die verschiedenen Kommunikationsformen

Vorzüge der mündlichen Kommunikation

Evolutionsbedingt können wir nur in analogen Bildern denken. Wir haben von Geburt an die Welt ausschließlich durch komplette Bilder und sinnbildliche Laute wahrgenommen und verstehen gelernt. Empfangen wir daher eine mit digitalen Lauten oder Schriftzeichen gestaltete Nachricht, so lässt unser Gehirn vor unserem geistigen Auge automatisch analoge Bilder entstehen.

Handelt es sich um die gesprochenen digitalen Worte in einem persönlichen Gespräch, so werden diese immerhin durch die begleitenden körpersprachlichen Signale bildhafter und damit verständlicher. Daher sind Gespräche umso effektiver, je mehr sich die Sender einer besonders bildhaften Sprache bedienen und sie durch beschreibende Gesten ergänzen. Insbesondere emotionale Botschaften werden dadurch umso wirkungsvoller übertragen. Bei einem telefonischen Gespräch entfallen zwar die visuellen Botschaften, jedoch werden immerhin mit der Stimme (Lautstärke, Stimmlage, Betonung) zusätzlich verdeutlichende auditive Signale gesendet.

Das unmittelbare persönliche Gespräch ist das absolut wirksamste Instrument der zwischenmenschlichen Kommunikation.

Die schriftliche Kommunikation

Oftmals verkehren wir heutzutage jedoch mit schriftlichen Texten. Bei der Schriftkommunikation entfallen aber die erwähnten nonverbalen Signale der mündlichen Kommunikation. Um dennoch eine optimale Wirksamkeit zu erzielen, ist hierbei ein sorgsamer Umgang mit der Sprache besonders wichtig und spielt auch die äußere Textgestaltung eine wesentliche Rolle.

Inwieweit ein Text beim Leser eine optimale Wirkung erzielt, hängt im Wesentlichen von den drei in der nachstehenden Grafik genannten Kriterien ab.

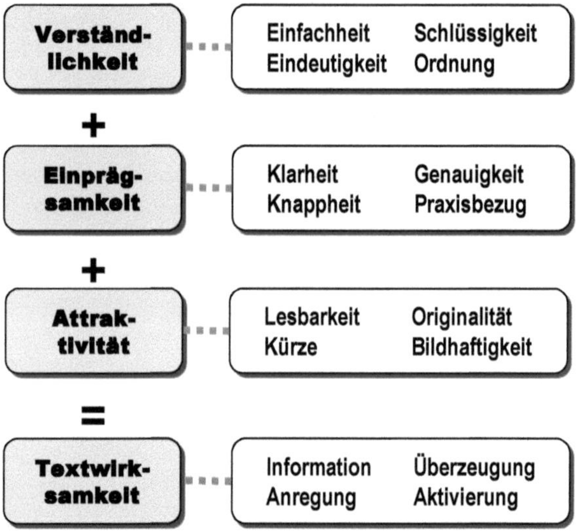

Obwohl die Sprachwahl als auch die Textaufmachung so wichtig sind, wird bei schriftlichen Nachrichten oft aus Bequemlichkeit, Zeitnot oder Unwissenheit sträflich geschludert. Daher sollten Sie bei schriftlichen Nachrichten folgende 12 Grundsätze beherzigen:

1. Praxisgerechte Mitteilungsform wählen
Bevor Sie überhaupt ein Schriftstück anfertigen, wäre zu überlegen, welche Mitteilungsform Sie zweckmäßigerweise wählen sollten. Die gebräuchlichsten Textarten sind: Briefe, Berichte, Aktenvermerke, Protokolle, Vorschriften. Um sich für die geeignetste Textart zu entscheiden, sollten Sie sich folgende Fragen vorlegen:

- Welche Mitteilungsform passt zum Sinn und Zweck des geplanten Textes am besten?
- Welche dürfte für die Weiterverwendung durch den Leser am zweckmäßigsten sein?

Mitunter muss der Empfänger einzelne Textteile für andere Zwecke verwenden als das übrige Schriftstück. Sie können ihm die Arbeit erleichtern, indem Sie diese Teile gesondert darstellen. Legen Sie dafür Extrablätter an, die Sie als separate Anlagen beifügen.

2. Interesse wecken

Informationen werden nur dann in das Langzeitgedächtnis übernommen, wenn die notwendige Aufmerksamkeit beim Empfänger vorhanden ist bzw. geschaffen wird. Deshalb sollten Sie möglichst schon am Anfang des Textes das Mitteilungsziel und den Nutzen für den Leser verdeutlichen.

3. Keine unnötigen Informationen anbieten

Die Aufmerksamkeit des Lesers bleibt nur dann aufrecht erhalten, wenn er die Informationen mit dem Mitteilungsziel in Einklang bringen kann und sie ihm nützlich erscheinen. Deshalb sollten Sie dem Leser nur Textinhalte anbieten, die auf das Mitteilungsziel hinführen und zum Verständnis wirklich erforderlich sind. Schon Goethe schrieb einmal: „In der Beschränkung zeigt sich erst der Meister."

4. Lesefreude erzeugen

Emotional positiv besetzte Informationen werden vom Gehirn nachweislich besonders bereitwillig aufgenommen und verarbeitet. Daher sollten Sie lernerschwerende komplizierte Formulierungen sowie Negativaussagen möglichst vermeiden.

Vielmehr können Sie es dem Leser erleichtern, indem Sie ihm gut verständliche sowie positiv wirkende Formulierungen bieten. Diese bewirken in seinem Gehirn das Ausschütten opiumähnlicher Stoffe, die Lust auf weitere Erkenntnisse auslösen.

5. Fantasie anregen

Anders als bei mündlichen, werden schriftliche Informationen nur über die Sehorgane als einzigem Wahrnehmungskanal empfangen. Sie werden daher im Gehirn nur mit wenigen Denkmustern verknüpft.

Deshalb sollten Sie durch lebendige und bildhafte Schilderungen die Fantasie des Lesers anregen und somit viele Gedächtnisinhalte aktivieren. Die vielfältigen geistigen Bilder erleichtert ihm das Speichern sowie spätere Abrufen.

6. Vom Allgemeinen zum Speziellen gehen
Unser Gehirn nimmt neuartige Informationen, die es keinen bereits vorhandenen Gedächtnisinhalten zuordnen kann, nur zögerlich auf und speichert sie möglicherweise nicht im Langzeitgedächtnis.

Deshalb sollten Sie Texte zu neuartigen sowie vermutlich schwer zu verstehenden Sachverhalten mit einem allgemeinen Überblick beginnen, ehe Sie auf die speziellen Details eingehen. Sie schaffen dadurch dem Leser einen gedanklichen Rahmen, in den er mosaikartig die für ihn neuen Informationen einordnen kann. Im weiteren Text sollten Sie dann möglichst an bereits Geschildertes anknüpfen und bekannte Begriffe verwenden.

7. Lerngerechte Schritte machen
Gelesene Informationen, die zunächst nur vom Ultrakurzzeitgedächtnis aufgenommen wurden, können leicht durch weitere Wahrnehmungsreize wieder gelöscht werden.

Daher sollten nicht zu viele neuartige Informationen unmittelbar aufeinander folgen, sondern sollte jeder neue Mitteilungsinhalt als gedankliche Einheit abgehandelt werden. Nach jedem Gedankenschritt sollten Sie dem Leser eine Denkpause ermöglichen, damit er sich sammeln und auf das Weitere ausrichten kann.

8. Besonders Wichtiges wiederholen
Besonders wichtige, schwer zu verstehende oder zu merkende wichtige Inhalte sollten Sie im Text wiederholen, dabei jedoch eine andere Formulierung oder Darstellungsart wählen.

Dadurch wird das Leserinteresse neu angeregt und werden die Informationen mit anderen Denkmustern verknüpft. Die Wiederholung sollte jedoch nicht unmittelbar auf die Erstinformation folgen, sondern dem Leser eine Verarbeitungsfrist eingeräumt werden. Beispielsweise kann man eine Information in einem anderen Zusammenhang oder in einer abschließenden Zusammenfassung wiederholen.

9. Präzise Wortwahl gewährleisten

Nicht selten werden beim Verfassen von Texten gedankenlos falsche oder ungenaue Begriffe verwendet. Stattdessen sollten Sie sich bemühen, Ihre Gedanken stets mit den begrifflich zutreffendsten Worten auszudrücken.

Allerdings ist das leichter gesagt als getan, denn nahezu alle Wörter unserer Sprache haben je nach Anwendungsbereich mehrfache Bedeutungen. Deshalb lässt sich die zutreffende Bedeutung eines Begriffs oftmals erst im Zusammenhang mit dem übrigen Text erkennen. Ehe Sie einen vermutlich mehrdeutigen Begriff verwenden, sollten Sie sich daher gut überlegen, worauf Sie sich beziehen und in welchem Zusammenhang andererseits der Leser den Begriff aufnehmen wird.

Sind Sie sich hinsichtlich der Eindeutigkeit unsicher, sollten Sie überlegen, ob es nicht einen treffenderen Ausdruck gibt oder ein erklärender Zusatz angebracht ist.

Ein Nachschlagewerk der sinnverwandten Wörter kann dabei wertvolle Anregungen geben. Beispielsweise im *DUDEN: Das Synonymwörterbuch* oder bei *A. M Textor: Sag es treffender.* Sie sollten davon regen Gebrauch machen, um sich auf diese Weise Ihren Wortschatz zu erweitern.

Wollen oder müssen Sie aber bei einem Text Begriffe verwenden, die dem Leser möglicherweise fremd sind, sollten Sie diese erklären. Dabei sollten Sie zunächst den jeweils unbekannten Begriff verwenden und dem Leser dann die Definition liefern (zum Beispiel durch ein in Klammern gesetztes bekanntes Wort).

Soll jedoch dem Leser ein fremder Begriff (eine für ihn neue Vokabel) vertraut gemacht werden, ist die umgekehrte Reihenfolge zweckmäßiger: Zuerst den bekannten Begriff nennen und dann den fremden angeben sowie ihn dabei – durch Gedankenstriche, Klammern oder Anführungszeichen – vom übrigen Text abheben. Auf diese Weise prägt sich der neue Begriff dem Leser besser ein. Ein einmal gezielt eingeführtes Fach- oder Fremdwort sollten Sie dann aber im weiteren Text beibehalten, da Sie sonst den Leser verwirren könnten.

Auch wenn es heutzutage „in" ist, in Abkürzungen zu schwelgen (und das sogar noch bei fremdsprachigen Wörtern), sollten Sie das den Lesern möglichst nicht antun. Beispielsweise wird selbst in nichtfachlichen Publikationen mitunter der *CEO* erwähnt, ohne Laienlesern den Begriff auch nur ein einziges Mal zu erklären! (Ausformuliert ist es die englische Bezeichnung *Chief Executive Officer* für die allgemeinverständliche Funktionsbezeichnung *Geschäftsführer.*)

Eine Häufung von Abkürzungen – auch wenn diese bekannt sind – zerstört außerdem das Schriftbild und unterbricht den Fluss der *inneren Leserstimme*. Eine Ausnahme bilden Abkürzungen, die sich wie Wörter aussprechen lassen (beispielsweise *UNO* oder *NASA*). Das Gleiche gilt für geläufige Normzeichen (wie *kg* oder *cm*) oder in Texten sehr häufig anzutreffende, allgemein übliche Abkürzungen (wie *z. B.* oder *bzw.).* Die Leserstimme macht daraus automatisch den ausgeschrieben Begriff.

10. Kurze Sätze bilden

Untersuchungen haben ergeben, dass ein gesprochener Satz für den Gesprächspartner schwerverständlicher wird, wenn er mehr als etwa 15 Wörter umfasst. Darüber hinausgehend lange Sätze können unser Ultrakurzzeitgedächtnis überfordern.

Nun wird oft unterstellt, dies träfe auf geschriebene Texte nicht zu, sodass schriftliche Sätze problemlos länger sein dürften. Tendenziell gilt der Grundsatz jedoch auch hier. Zwar hat der Leser eines Textes die Möglichkeit, bei Verständnisproblemen zweimal zu lesen. Der anzustrebenden Lesemotivation sowie des Leseflusses wegen sollte man ihm das aber ersparen. Hinzu kommt, dass der Leser lange Sätze nicht mit einem Blick erfassen kann, was das Lesen ebenfalls erschwert.

Selbst von der Zeichenzahl her nicht sonderlich lange, aber dennoch sehr aussagereiche Sätze sollten Sie besser teilen. Das gilt insbesondere für Sätze mit zahlreichen Sinngegenständen, die nicht in unmittelbarem inhaltlichen Zusammenhang miteinander stehen.

Mit kurzen Sätzen erleichtern Sie dem Leser das schrittweise Aufnehmen und Verarbeiten der Einzelinformationen. Außerdem gönnt man dem Lesergehirn nach jedem Gedankenschritt eine kurze Denkpause, was dessen Leistungsfähigkeit regeneriert.

Ein weiterer bedeutsamer Gesichtspunkt spricht ebenfalls für das Verfassen kurzer Sätze: Knappes und prägnantes Formulieren zwingt einen als Verfasser zu diszipliniertem Denken. Man kommt dadurch beim Textentwurf nicht umhin, zunächst seine Gedanken zu ordnen und sich gegliederte Einzelaussagen zu überlegen. Lange Satzgebilde hingegen verleiten zur Weitschweifigkeit sowie zu gedankenlosen Wiederholungen und können von einem zielgerichteten, gradlinigen Gedankenaufbau abbringen.

11. Komplizierte Satzkonstruktionen vermeiden

Besondere Anforderungen an den Leser stellen sogenannte *Schachtelsätze*. Es sind Sätze, in die zusätzliche Informationen mit Nebensätzen eingeschoben sind *(Zwischensätze)*. Je mehr dieser Zwischensätze ein Satz enthält, je länger wird er – entartet er zum „Bandwurmsatz“. Und umso schwerer verständlich wird er zwangsläufig.

Insbesondere mit *dass* beginnende Nebensätze lassen manchmal unnötig umständliche Satzgefüge entstehen. Indem man auf derartige Nebensätze verzichtet, werden die Sätze insgesamt flüssiger und gleichzeitig kürzer.

Beispiel: „*Komplizierte Sätze sind oft der Grund dafür, dass Texte missverstanden werden.*"

Besser: „*Wegen komplizierter Sätze werden Texte oft missverstanden.*"

12. Wichtige Inhalte hervorheben

Besonders wichtige Sinngehalte von Texten kann man auffällig herausheben durch

- vorangestellte Betreffvermerke,
- Überschriften oder Randtitel *(Marginalien),*
- einleitende bzw. abschließende Kurzfassungen,

Oder man markiert die Sinnwörter durch

- Unterstreichungen oder farbiges Unterlegen,
- typografische Varianten (Schrifthöhe, Großbuchstaben, Fettdruck, Sperrschrift),
- Randbalken oder Einrahmungen.

Durch die Hervorhebungen sollte der Leser sofort erkennen können, wovon der Text handelt und was die für ihn die wesentlichsten Inhalte sind. Außerdem tragen Markierungen dazu bei, dass keine besonders wichtigen Textinhalte überlesen werden, sie sich gut einprägen und leichter wiederauffindbar sind.

Außerdem ermöglichen es Hervorhebungen einem eiligen oder weniger interessierten Leser, sich einen schnellen Überblick über die entscheidenden Textinhalte zu verschaffen. Im Hinblick auf diese eiligen Leser sollten die markierten Textteile aber eine inhaltlich logische Kette bilden, sodass trotz eines sprunghaften Lesens kein unvollständiger oder sogar falscher Gesamteindruck entsteht.

Innerhalb ein und desselben Textes sollte aber nur eine begrenzte Zahl unterschiedlicher Markierungsarten vorkommen. Das Schriftbild wird sonst sehr unruhig und es könnte dem Leser schwerfallen, die Wertigkeiten der verschiedenen Markierungen sinngerecht zu deuten.

13. Mit grafischen Darstellungen veranschaulichen

Je vielschichtiger ein Textinhalt ist und je größer die Textmenge, desto schwieriger wird es für den Leser, die vielen digitalen Schriftinformationen aufzunehmen und zu verarbeiten.

Hingegen ist das menschliche Gehirn in der Lage, selbst sehr umfangreiche analoge Informationen als komplette Bilder (mit Formen, Farben und Verknüpfungen) sofort zu erfassen, gedanklich einzuordnen und sie zu deuten. Daher sollten Sie besonders komplizierte oder vielgestaltige Textinhalte möglichst durch bildhafte Darstellungen ersetzen oder veranschaulichend ergänzen

Meist lassen sich Texte durch bildliche Darstellungen auch kürzer fassen und sind sie für den Leser arbeitsgerechter. Stehen keine Abbildungen zur Verfügung, sollte man sich bemühen, wenigstens durch eine bildhafte Sprache im Lesergehirn Bilder entstehen zu lassen. Wo immer es sinnvoll und machbar ist, sollte man also die Möglichkeiten bildhafter Darstellungen nutzen.

14. Verständlichste Sprachart wählen
Wenn Sie sich an eine breite Leserschaft wenden, sollten Sie nach Möglichkeit nur Wörter der *Allgemeinsprache* (auch *Umgangs-* oder *Alltagssprache*) benutzen, um von allen Lesern gleichermaßen verstanden zu werden.

Schreiben Sie dagegen an eine begrenzte Zielgruppe mit einheitlichem Wortschatz und Sprachverständnis, können Sie diese Leser am besten erreichen, indem Sie sich in deren *Fachsprache* ausdrücken. Das heißt, dass Sie vorrangig Begriffe verwenden, die in deren Lebens- oder Berufsbereich gebräuchlich sind. Dazu gehören:
- Fremdwörter
- Fachwörter
- Abkürzungen
- Branchen- oder firmenübliche Begriffe

Mit dem speziellen Fachvokabular einer bestimmten Zielgruppe kann man spezielle Informationen präziser und unmissverständlicher vermitteln, als mit umgangssprachlichen Begriffen. Abgesehen von den Fachsprachen gibt es aber noch weitere sprachliche Besonderheiten, die bei der zwischenmenschlichen Kommunikation eine Rolle spielen können. Beispielsweise die Dialekte sowie Modewörter und generationsabhängige Sprachgewohnheiten.

Bedauerlicherweise hat sich in den letzten Jahrzehnten der Trend verstärkt, auch in der Alltagssprache möglichst viele Fremdwörter zu verwenden. Und das selbst in Texten, die sich auch an Menschen ohne besondere Sprachkenntnisse richten. Oft ohne dabei die Begriffe wenigstens am Textanfang zu erklären. Besonders zu erwähnen ist hier die Manie, möglichst alles mit englischen Wörtern *(Anglizismen)* zu benennen.

Die Gründe dieser Sprachunarten sind meist Gedankenlosigkeit oder Wichtigtuerei. Beides ist gleichermaßen kontraproduktiv und missachtet grundlegende Bedürfnisse der Leser. Fremd- und Fachwörter sollten Sie nur aus gutem Grund verwenden und wenn Sie sich sicher sein können, vom Leser dennoch zutreffend verstanden zu werden.

> **Beim Textentwurf sollten Sie stets berücksichtigen, dass Sprache nahezu immer mehrdeutig ist und es demzufolge leicht zu Missverständnissen kommt.**

Digitaltechnische Kommunikation

In den letzten Jahrzehnten haben neuartige Informations- und Kommunikationstechnologien den Nachrichtenaustausch nahezu gänzlich digitalisiert. Sie haben ihn enorm beschleunigt sowie wachsen lassen und damit maßgeblich zur Steigerung der Arbeitsproduktivität beigetragen. Beispielsweise ist die Onlinekommunikation mittlerweile für die interne und externe Kommunikation von Unternehmen unverzichtbar:

- Sie ist ein unentbehrliches Marketinginstrument,
- begünstigt das Verlagern von Arbeitsaufgaben ins Homeoffice,

- ermöglicht Onlinekonferenzen (auch *Webkonferenzen* genannt) ohne körperliche Anwesenheit der Teilnehmer und
- ist ein wesentliches Instrument des internen Wissensmanagements.

Durch Onlinekonferenzen bzw. -besprechungen wird vergleichsweise weniger Zeit aufgewendet als für Präsenzgespräche. Auch lassen sich eilige Angelegenheiten kurzfristiger besprechen und erledigen. Außerdem erübrigen Onlinekonferenzen die Abwesenheiten der Teilnehmer von ihren Arbeitsplätze und können dem Unternehmen ggf. auch erhebliche Reisekosten ersparen.

Tendenziell kommunizieren die Mitarbeiter online häufiger miteinander als in früheren Zeiten ohne digitale Möglichkeiten. Unter anderem weil digitaltechnisches Kommunizieren bequemer und zeitsparender ist. Oder wie schon erwähnt, auch des Öfteren schnell zu organisierende, virtuelle Meetings abgehalten werden. Manche Fragen oder Unstimmigkeiten können auf diese Weise kurzfristiger geklärt und dadurch eventuelle Konflikte vermieden werden.

Allerdings ist zu bedenken, dass Onlinebesprechungen meist formeller ablaufen und emotionale Botschaften weniger zur Geltung kommen, als bei gemeinsamer körperlicher Anwesenheit. Die Teilnehmer können sich mitunter nicht spontan einbringen, wodurch es seltener zu unverfälschten individuellen Gefühlsäußerungen kommt und eine gemeinschaftliche Gesprächsatmosphäre nur eingeschränkt erlebt wird. Außerdem wird der Konferenzverlauf manchmal durch technische Probleme behindert oder haben ungeübte Teilnehmer mitunter technische Anwendungsprobleme.

Haben sich jedoch die Konferenzen erst einmal eingespielt und sind die technischen Mängel weitestgehend behoben, wollen manche Unternehmen bzw. Gremien nicht mehr darauf verzichten. Insbesondere durch das Homeoffice während der Corona-Pandemie hat sich das vielerorts erwiesen. Was die schriftliche Kommunikation im Internet anbelangt, so werden hierzu im Kapitel 5 ausführliche Überlegungen angestellt.

Nicht selten aber hat die Digitalisierung auch negative, mitunter gravierende gesellschaftliche und zwischenmenschliche Auswirkungen, wie beispielsweise

- Orientierungslosigkeit durch die massive und teils widersprüchliche Informationsflut,
- gefühlsarme, mitunter überzogen versachlichte Kommunikation, sowie
- unbedachtes Verwenden von Reizwörtern oder konfliktfördernden Formulierungen.

Ehe und eheähnliche Partnerschaften

Einen interessanten und einträglichen Beruf zu haben und einen liebenswerten und verlässlichen Lebenspartner zu finden, zählt gemeinhin zu den höchsten Lebenszielen. Der Weg dorthin erfordert aber meist einige schwierige und folgenschwere Entscheidungen.

Verwirklichung fundamentaler Lebensziele

Dabei ist die Berufswahl eine vorrangig rationale Entscheidungssituation, bei der konkrete Fakten, sachkundige Ratschläge anderer Personen oder professioneller Institutionen sowie systematisierende Entscheidungstechniken die Wahl erheblich erleichtern und absichern können. Im Kapitel 9 finden Sie zu diesem Thema ausführliche Anregungen und Informationen. Wenngleich dabei auch emotionale Aspekte wie gefühlsmäßige Neigungen oder motivierende Vorbilder mitwirken können.

Das Eingehen einer Lebenspartnerschaft ist hingegen eine in erster Linie emotionale Entscheidungssituation, bei der menschliche Zuneigung, erotische Gefühle und gegenseitiges Vertrauen die entscheidenden Faktoren sind. Was nicht ausschließt, dass dabei mitunter auch gewisse Sachaspekte wie Vermögen, Steuerersparnis oder Lebenshaltungskosten eine nicht unerhebliche Rolle spielen. Zum speziellen Aspekt des Vertrauens enthält das Kapitel 6 einige Erkenntnisse und Denkanstöße.

Rein rechtlich gesehen gibt es vieles, was für eine Heirat spricht. Das Grundgesetz sieht einen besonderen Schutz von Ehe und Familie vor, weshalb Eheleute und in einem gewissen Umfang auch andere eingetragene Lebenspartner rechtlich gegenüber Unverheirateten bevorzugt sind. Das betrifft sowohl das alltägliche Leben, zum Beispiel hinsichtlich der Einkommensteuer oder in Fragen der Unterhaltspflicht, aber auch der finanziellen Absicherung, wenn einer der Eheleute stirbt.

Doch während diese *rationalen* Aspekte relativ unkomplizierte Kriterien sind für eine Entscheidung zu einer Lebenspartnerschaft, stellen die *emotionalen* Aspekte vor ungleich schwierigere und vielfältigere Fragen. Hierbei spielt die gesamte Palette der menschlichen Eigenschaften und Gefühle eine maßgebende Rolle, sodass es hierfür kaum allgemeingültige Ratschläge geschweige denn Patentrezepte mit Erfolgsgarantie geben kann. Demzufolge können hierbei bestenfalls zielgerichtete und bewusstseinsfördernde Fragestellungen, anregende Fallbeispiele oder statistische Aussagen ein wenig behilflich sein.

Eine totale Absicherung ist bei einer erotischen Partnerwahl denn auch schier unmöglich. Wie schon in Kapitel 3 erläutert, können einem bei der Menschenkenntnis manche Vorurteile und Wahrnehmungsprobleme im Weg stehen. Vor allem weil Menschen gegenüber anderen bewusst oder unbewusst stets Rollen spielen, um positiv eingeschätzt zu werden.

Diese Wahrnehmungsprobleme spielen natürlich auch beim Verlieben eine erhebliche Rolle. Manche Psychologen meinen sogar, der anfängliche Liebesrausch sei eine Art *Geisteskrankheit,* die in der Regel erst nach einem Vierteljahr langsam abnimmt! Oft lernen sich Eheleute erst im Verlauf mehrerer gemeinsamer Jahre wirklich kennen. Nicht selten hört man von Ehen, die über Jahre hinweg als mustergültig galten, aber unvermittelt und zur Überraschung aller zerbrechen.

Das kirchliche Leitbild der Ehe *„Bis dass der Tod euch scheidet“,* ist ein frommer Wunsch, der jedoch hierzulande mit der heutigen Lebenswirklichkeit nicht mehr im Einklang steht. In den letzten Jahrzehnten haben die Ehescheidungen stetig zugenommen und erreichten 2003 mit knapp über 200.000 einen Höhepunkt. Zwar gingen die Zahlen seither kontinuierlich zurück, jedoch wird noch immer etwa jede dritte Ehe getrennt.

Auch ist die Zahl der Paare, die ohne Trauschein zusammenleben, in den letzten Jahrzehnten stark angestiegen: Im Jahr 2015 lebten laut dem Statistischen Bundesamt 2,8 Millionen Paare in Deutschland in einer *nichtehelichen Lebensgemeinschaft.* Trennen sich diese, geht das natürlich nicht in die Scheidungsstatistik ein.

Trotz aller rationalen Bedenken und Gegenargumente bleibt die Ehe aber immer noch für viele Menschen ein *großer Wunschtraum,* der zu höchsten Glücksgefühlen, Harmonie und Lebenszufriedenheit verhelfen soll. Zur Chance durch eine Ehe glücklich zu werden, bedarf es jedoch mitunter eines „unvernünftigen“ Entschlusses – sollte man seinen spontanen Gefühlen nachgeben, da man andernfalls sein wahres Lebensglück verpasst! Eine besonders kritische und vorsichtige Partnersuche beugt zwar einer Ernüchterung vor, erhöht aber die Wahrscheinlichkeit, aus Unentschlossenheit erfolglos zu bleiben und enttäuscht zu sein.

Jede Ehe ist ein großes Abenteuer mit ungewissem Ausgang.

Sie können aber bei der Partnerwahl einer voreiligen Entscheidung ein wenig vorbeugen, indem Sie sich selber einmal die nachstehenden Fragen stellen. Es kann Ihnen sicher helfen, sich über Ihre echten Bedürfnisse und möglicherweise unbewussten prinzipiellen Erwartungen mehr Klarheit zu verschaffen. Gehen Sie dabei selbstkritisch und möglichst unvoreingenommen vor.

- „Wer könnte zu mir passen? Welche grundlegenden Persönlichkeitsmerkmale erwarte ich von einem Langzeitpartner? Wie wichtig sind mir äußere Erscheinung, Mentalität, Intelligenz, Geselligkeit, Genussfreude, gesellschaftlicher Status, familiäre Bindungen, finanzielle Lage und manches mehr?“
- „Habe ich unverzichtbare Ideale, Meinungen oder Ansichten, sowohl weltanschaulicher, religiöser oder auch politischer Art? Wäre ich bereit, beim Partner andersartige zu akzeptieren?“
- „Müsste der Partner meiner Religion angehören? Würde ich es andernfalls vom Partner verlangen, zu konvertieren oder wäre ich selber dazu bereit?“
- „Gibt es gewisse Gewohnheiten, die mich sehr stören würden? Inwieweit wäre ich bereit, diese zu dulden und würde ich Gleiches auch von einem Lebenspartner erwarten?“
- „Habe ich spezielle sexuelle Vorlieben? Inwieweit müsste der Partner diese teilen und würde ich andersartige des Partners tolerieren?“
- „Auf was wäre ich bereit, künftig zu verzichten? Würde ich gegebenenfalls bestimmte Hobbies, man-

che Freundschaften, sportliche Aktivitäten oder sogar meine beruflichen bzw. politischen Karrierewünsche aufgeben?"

- „Erwarte ich von einem künftigen Partner einen einwandfreien Gesundheitszustand und eine gesundheitsbewusste Lebensweise? Sind für mich bestimmte diesbezügliche Kriterien sogar unverzichtbar?"
- „Habe ich für eine Ehe die nötige finanzielle Basis? Wer sollte in der Partnerschaft der Hauptverdiener sein und müsste dann dennoch der andere hinzuverdienen?"
- „Wünsche ich mir Kinder und ggf. wie viele? Sollte der Wunsch möglichst bald in Erfüllung gehen oder aus beruflichen bzw. sonstigen Gründen auch erst in späteren Jahren? Käme auch eine kinderlose Ehe für mich in Frage?"
- „Wäre ich zu Hausarbeit und Kinderbetreuung bereit? Unter welchen Umständen könnte es für mich eine Option sein, dafür sogar meine Berufstätigkeit aufzugeben?"
- „Käme für mich ein Wohnungswechsel in Frage und wäre ich ggf. auch zu einem Umzug in einen anderen Ort oder sogar in ein anders Land bereit?"

Die Chancen den absoluten Idealpartner zu finden – so es ihn überhaupt geben kann – sind realistisch betrachtet eher gering. Ohne jegliche Zugeständnisse würden Sie sich Ihren Chancen bei der Partnersuche dermaßen einschränken, dass es Sie bald unzufrieden machen würde.

Bei der Wahl eines Lebenspartners muss man in aller Regel den einen oder anderen Kompromiss wagen.

5. Wie nutze ich digitale Medien am sinnvollsten?

Möglichkeiten und Gefahren des Internets

Informationsaustausch im Internet

Durch das Internet können Sie sich heutzutage auf leichte Art und kostenlos alle erdenklichen Informationen beschaffen. Hier ist vor allem die Internet-Suchmaschine *Google* zu nennen. Diese Informationsmöglichkeit hat sich dermaßen etabliert, dass sich daraus sogar das Verb *googeln* hergeleitet hat, das mittlerweile sogar im Rechtschreib-Duden aufgeführt ist. Es gibt aber mittlerweile weitere derartige Angebote wie zum Beispiel *Bing, Fireball* oder *Quant*. Darüber hinaus gibt es Rechercheprogramme für spezielle Suchbereiche oder Sprachen.

Sie können aber auch eigene Wort- oder Bildbeiträge ins Internet stellen. Entweder mit einer eigenen Website oder bei Onlinediensten wie beispielsweise *YouTube* oder *Instagram*.

Persönliche Kontakte in sozialen Netzen

Eine große Rolle spielen hierbei die sogenannten *sozialen Netzwerke*. Der Begriff stammt ursprünglich aus der Sozialwissenschaft und beschreibt Beziehungsgefüge zwischen Einzelpersonen oder zwischen Personen und Gruppen bzw. Institutionen.

Unter sozialen Netzwerken im Internet sind Netzgemeinschaften bzw. Webanwendungen zu verstehen, mit deren Hilfe sich Menschen austauschen und eigene Beiträge erstellen können. Daher bezeichnet man diese auch als *soziale Medien*. Auf speziellen Plattformen (wie zum Beispiel *Facebook, Twitter* oder *Xing*) können sich Personen und Personengruppen *(Communities)* ein eigenes Nutzerprofil anlegen und sich darüber mit ihren Freunden, Bekannten oder auch Geschäftspartnern vernetzen. Die sozialen Netzwerke ermöglichen es, auf einfache Weise und weitgehend kostenlos vielfältige personelle Kontakte herzustellen und ständig in Verbindung zu bleiben. Das ist natürlich vielversprechend und ist auch reizvoll, dabei eigene Beiträge zu veröffentlichen *(posten)* oder die anderer zu kommentieren oder zu bewerten *(liken)*.

Soziale Netzwerke sind insbesondere bei Jugendlichen, aber auch bei Erwachsenen sehr beliebt. Die einen nutzen sie, um neue Kontakte zu finden, andere möchten ihre bestehenden Kontakte mit Freunden und Bekannten aufrechterhalten und sie auf diese Weise in Sekundenschnelle über besondere Ereignisse und ihre Erlebnisse informieren.

Trotz der grundsätzlichen Nützlichkeit sozialer Netzwerke kann deren Nutzung auch Probleme schaffen oder sogar mit erheblichen Risiken verbunden sein. Daher hier einige Regeln, die Sie beachten sollten.

Nicht zu viel preisgeben

Andere Menschen sollten nicht alles über Sie wissen. Vielmehr sollten Sie es sich reiflich überlegen, welche privaten Daten Sie von sich im Internet preisgeben sollten.

Bedenken Sie, dass sich immer häufiger alle möglichen Institutionen wie Werbeagenturen, Versicherungen oder Immobilienmakler für ihre Zwecke im Internet gezielte Informationen über bestimmte Zielpersonen als potenzielle Kunden einholen.

Auch informieren sich manche Arbeitgeber im Internet vorab über Stellenbewerber, um über diese mehr zu erfahren als sie in ihren Bewerbungsschreiben oder in Vorstellungsgesprächen preisgeben. Die Bewerber wundern sich dann, wenn sie trotz ihrer in Aussicht gestellten hervorragenden Fähigkeiten nicht berücksichtigt werden! Gleiches gilt für Wohnungsvermieter, die wegen der zahlreichen Wohnungsuchenden die Bewerber schon vorher aussortieren.

Überlegungen vor der Anmeldung

Bevor Sie sich in einem sozialen Netzwerk anmelden, sollten Sie sich klarmachen, welche Erwartungen Sie hinsichtlich der Teilnehmer haben. Beispielsweise wer Sie im Netz finden soll und ob Sie auch Kontakte mit Fremden herstellen bzw. zulassen wollen.

Noch bevor Sie ein Profil anlegen, sollten Sie die Allgemeinen Geschäftsbedingungen des jeweiligen Internetdienstanbieters bzw. -dienstleisters lesen. Erst dann sollten Sie sich entscheiden, ob Sie das betreffende Webangebot wirklich nutzen wollen.

Aus Datenschutzgründen sollten Sie für jedes Netzwerk eine *separate* E-Mail-Adresse verwenden. Zum Schutz Ihrer Privatsphäre ist auch zu überlegen, ob Sie mit Ihrem *Klarnamen* oder einem *Pseudonym* auftreten.

Hinsichtlich der Nutzung ist auch abzuwägen, ob es für Sie zweckmäßiger ist, sich ein rein privates Profil zu schaffen oder ein geschäftliches. Sofern Sie Ihr Profil nicht geschäftlich verwenden, sollten Sie wichtige Kontaktdaten, insbesondere Ihre Bankverbindung, nicht für jedermann sichtbar machen.

Privatsphäre-Einstellungen prüfen und anpassen

Die automatischen Voreinstellungen in sozialen Netzwerken reichen meist nicht aus, um sich vor jeglichem Datenmissbrauch vollends zu schützen.

Deshalb sollten Sie unmittelbar nach Ihrer Registrierung die entsprechenden Einstellungen anpassen. So ist es beispielsweise ratsam, personenbezogene Informationen und Bilder nur mit vertrauenswürdigen Personen zu teilen, die sich in der eigenen Freundesliste befinden.

Wählen Sie sorgsam Ihre Kontaktpersonen

Prüfen Sie genau, mit wem Sie sich in sozialen Netzwerken anfreunden. Am sichersten ist es, wenn Sie nur solche Menschen berücksichtigen, die Sie auch aus dem realen Leben kennen. Denn Unbekannte können bösartige Motive (Rache, Eifersucht, Konkurrenzneid) haben bis hin zu kriminellen oder krankhaft schädigenden Absichten.

Keine unbedachten Aussagen machen

Manchmal liegt einem etwas auf dem Herzen, was man am liebsten gleich im Internet loswerden möchte. Trotzdem ist es manchmal aber klüger, es sein zu lassen, weil man nicht sicher sein kann, *wer* den Beitrag *wie* verstehen und nutzen wird.

Die persönliche Anonymität oder Distanziertheit im Internet kann zu Äußerungen verleiten, die man in dieser Form im direkten Gespräch niemals machen würde. Mit denen man bei anderen ungewollte Emotionen auslöst, die schwer wieder rückgängig zu machen sind.

Verdächtigen E-Mail-Absendern misstrauen

Cyber-Kriminelle versuchen immer wieder, Computer über unterschiedlichste Kanäle mit Schadsoftware zu infizieren. Zum Beispiel per Dateianhang einer scheinbar vertrauenswürdigen E-Mail, als versteckte „Zugabe“ bei einem Freeware-Download oder als bösartiges Makro innerhalb eines Office-Dokuments.

Daher sollten Sie E-Mails mit einem nicht zweifelsfrei vertrauenswürdigen Absender besser gar nicht erst öffnen – zumindest aber keine mysteriösen Anhänge oder Links. Manchmal genügt der bloße Aufruf einer Webseite aus einem präparierten Werbebanner und der eigene Computer wird mit einem Schadprogramm infiziert.

Zweifelhafte Anfragen prüfen

Daten und Identitätsdiebstahl sind in der Onlinewelt eine beliebte Praxis. Entweder indem man aufgefordert wird, wichtige Daten (zum Beispiel Passwörter oder Bankverbindungen) aus Sicherheitsgründen zwecks Überprüfung mitzuteilen. Oder es werden Hackerangriffe angekündigt, vor denen man angeblich geschützt werden soll.

Oft werden dazu gefälschte amtlich wirkende Briefköpfe verwendet. Daher sollten Sie auf verdächtige Mails dieser Art nicht ungeprüft antworten, sondern sich bei der jeweiligen Institution rückversichern, ob die Nachricht tatsächlich von dort stammt.

Keine unbekannte Antivirensoftware installieren
Internetkriminelle versuchen Nutzern falsche Antivirenprogramme schmackhaft zu machen. Beispielsweise erhalten Sie beim Surfen im Netz eine Warnung, ihr Computer sei angeblich mit Schadsoftware *(Viren, Trojaner, Rootkits, Spyware)* infiziert und werden angehalten, ein bestimmtes Virenschutzprogramm aufzurufen. Diese Warnungen sehen denen seriöser Programme meist täuschend ähnlich.

Nach der Anwahl der vermeintlichen Antivirenlösung erscheint eine dringende Empfehlung zum Erwerb des jeweiligen Programms oder einer Nutzerlizenz. Verweigert man dies, öffnen sich in gewissen Zeitabständen immer wieder falsche Virenwarnungen, manchmal sogar verbunden mit der Aufforderung zur Bezahlung des angeblich gekauften Programms.

Die angebotenen Programme haben jedoch häufig keinerlei nützliche Funktion. Sie dienen mitunter lediglich dazu, den Betreffenden zum Kauf zu bewegen und um auf diese Weise an seine Kreditkartendaten zu gelangen. Oder es wird beim Download des sogenannten Schutzprogramms der Computer sogar automatisch mit Schädlingen infiziert!

Reagieren auf Cybermobbing
Der Begriff *Cybermobbing* steht für verschiedene Formen der Diffamierung, Belästigung, Bedrängung bzw. Nötigung anderer Menschen oder Firmen über das Internet.

Dabei wird das Opfer beispielsweise in sozialen Netzwerken durch das Veröffentlichen hasserfüllter oder beleidigender Texte, kompromittierender Fotos bzw. Videos angegriffen oder werden der Lächerlichkeit ausgesetzt. Insbesondere junge Menschen werden davon oft durch Altersgenossen betroffen.

Zwar gibt es keinen besonderen Straftatbestand für Mobbing bzw. Cybermobbing, jedoch können bestimmte damit verbundene Verhaltensweisen strafbar sein. Dazu zählen Beleidigungen, Verleumdungen, Nötigungen und Bedrohungen. Folgende Gegenmaßnahmen können Sie bei Cybermobbing ergreifen:

Wurden Fotos oder Videos, auf denen Sie zu sehen sind, ohne Ihre Erlaubnis gepostet, haben Sie das Recht, sie löschen zu lassen. Kontaktieren Sie dazu den oder die Seitenbetreiber. Die genauen Bestimmungen der jeweiligen Plattform stehen in den entsprechenden Richtlinien, die öffentlich zugänglich sind. Ein Wechsel der Telefonnummer und des E-Mail-Accounts kann ebenfalls zweckdienlich sein.

Vorsorglich sollten Sie alle E-Mails, SMS oder Posts, die gegen Sie gerichtet und verletzend sind, *sammeln* und mit Datum versehen ausdrucken. Dieses Beweismaterial werden Sie brauchen, wenn Sie eine Strafanzeige stellen wollen. Auch sollten Sie jegliche Hinweise auf den bzw. die Verantwortlichen der Attacken sorgsam notieren.

Bei massiven und sich wiederholenden Angriffen ist das Einschalten der *Polizei* die stärkste Gegenmaßnahme, die Sie unternehmen können. Die gesammelten Beweise und Hinweise erleichtern dabei den Beamten die Strafverfolgung erheblich und können so zu einem schnelleren Verhindern des Terrors führen.

Alte Internet-Einträge löschen

Es ist ratsam, alte Accounts, die Sie nicht mehr nutzen wollen, immer zu löschen. Sie sollten sich aber dessen bewusst sein, dass dennoch irgendetwas davon zurückbleiben kann. Verlinkungen und Kommentare lassen sich beispielsweise nur schwer entfernen. Mitunter bleibt nichts anderes übrig, als das Computersystem auf einen früheren Zustand zurückzusetzen.

Auswirkungen auf die persönliche Lebensführung

Das Internet ist für den weltweiten Datenaustausch nicht mehr wegzudenken. Es gewährt in vielen Bereichen der Gesellschaft, Wirtschaft oder Wissenschaft erheblichen Nutzen.

Schädlich wird die *persönliche* Nutzung des Internets erst, wenn es zunehmend das eigene Leben dominiert und man die Kontrolle über sich selbst verliert. Wenn beispielsweise Kinder ihre schulischen Aufgaben vernachlässigen, nur noch *digitale* Spiele kennen oder sogar verhaltensauffällig werden. Aber auch für manche Erwachsene ist das Surfen im Internet zur Dauerbeschäftigung geworden.

Die Versuchung hierzu ist zweifellos groß, denn man kann sich jederzeit schnell, ohne Mühen sowie Kosten und ohne dabei seine Wohnung verlassen zu müssen

- über den aktuellen Stand des Weltgeschehens informieren,
- sich mit anderen Menschen in Verbindung setzen,
- kontrollieren, ob einem jemand eine Nachricht gesendet hat,
- Antworten auf nahezu alle Fragen finden,
- Einkäufe oder sonstige Geschäfte tätigen,
- Behördenangelegenheiten erledigen,
- sich mit Computerspielen die Zeit vertreiben,
- an Wettbewerben teilnehmen oder Wetten abschließen,
- Spielfilme ansehen und Musik hören.

Es kann aber dazu führen, dass man letztlich nichts anderes mehr mit sich anzufangen weiß, als sich ins Internet zu begeben.

Man aus reiner Gewohnheit den Computer einschaltet und sich zwanghaft ins Netz einwählt, um ja keine Information oder Nachricht zu verpassen. Man andernfalls ein „schlechtes Gewissen“ bekommen würde, etwas Unverzichtbares vernachlässigt zu haben.

Es kann dazu führen, dass man sich zunehmend aus dem realen Leben ausklinkt und überwiegend in einer virtuellen Welt lebt. Dadurch die Beziehungen zu den nächsten Mitmenschen völlig zum Erliegen kommen, man seine Wohnung und sich selbst vernachlässigt, die beruflichen Leistungen nachlassen und dadurch mitunter sogar der Arbeitsplatz gefährdet wird. Es letztendlich zu einer Abhängigkeit kommt, die langfristig zu schwerwiegenden psychischen Schäden führen kann und die Experten mittlerweile sogar als echte Sucht einstufen.

Besonders anfällig dafür sind Jugendliche, denen Computerspiele und das Surfen im Internet leicht zum einzigen Zeitvertreib werden. Wobei auch der Gruppendruck eine wesentliche Rolle spielt, indem sie meinen, permanent mit Freunden *chatten* zu müssen, um als zugehörig zu gelten und nicht vergessen zu werden.

> **Lassen Sie sich nicht vom Internet dominieren, sondern bewahren Sie sich Ihre autarke Lebensgestaltung, Tatkraft und Kreativität!**

Effekte digitaltechnischer Schriftkommunikation

Die E-Mail-Korrespondenz

Mittlerweile wird statt mit papiernen Briefen zunehmend mit E-Mails korrespondiert. Gegenüber dem konventionellen Schriftwechsel bieten E-Mails folgende Vorzüge:

- Sofortige und kostenlose Übermittlung an den Empfänger
- Unverzügliches Lesen und erforderlichenfalls auch Beantworten empfangener Mails
- Versenden zahlreicher Kopien ohne nennenswerten Aufwand
- Einfache Archivierung der Schriftsätze als elektronische Dateien

Während offizielle Schreiben früher ausgesprochen förmlich verfasst wurden, ist man heutzutage zu Recht bestrebt, aus Gründen der Effizienz der Arbeitsprozesse auch im Schriftverkehr unnötigen Aufwand zu vermeiden. Das gilt sowohl für die Verfasser als auch für die Leser.

Bedauerlicherweise werden dabei aber oft fundamentale Regeln für eine wirkungsvolle Textgestaltung vernachlässigt. Sicher manchmal aus Unwissenheit, nicht selten aber aus reiner Bequemlichkeit: Weil man nämlich meint, bei E-Mails mit den bewährten Regeln für Schriftwechsel sorglos umgehen zu dürfen. Das Ergebnis sind oft seelenlose, gefühlsarme und zudem noch nachlässig oder fehlerhaft geschriebene Nachrichten. Sie signalisieren damit den Adressaten unterschwellig Nichtachtung und Respektlosigkeit und können ihn sogar verärgern.

Offenbar sind sich die Verfasser dessen nicht bewusst, dass sie auf diese Weise ihre Chancen mindern, den Adressaten positiv zu stimmen und für das eigene Anliegen zu gewinnen – dass sorglos verfasste Schreiben mitunter sogar mehr Schaden anrichten als nutzen.

Man sollte stets bedenken, dass eine nachlässig verfasste E-Mail keine optimale Wirkung erzielen kann – mitunter sogar das Mitteilungsziel völlig verfehlt!

Etiketteregeln für den E-Mail-Schriftverkehr

Im Hinblick auf die zwischenmenschlichen Auswirkungen der E-Mail-Kommunikation und weil E-Mails meist auch andere Anforderungen erfüllen sollen als herkömmliche Briefe, hat sich im Lauf der Zeit eine besondere E-Mail-Kultur herausgebildet. Nachstehend einige diesbezügliche Grundsätze und Regeln.

Trotz des eher sachlichen Sprachstils, sollten Sie auf eine erfolgsgerichtete Emotionalität nicht total verzichten. Zumindest in der Empfängeranrede, im Texteinstieg sowie Schlussteil einer E-Mail sollten beziehungsdienliche Emotionen ausgedrückt sein. Auch für E-Mails haben die fundamentalen Anstandsregeln zu gelten!

Als Verfasser sollten Sie stets daran denken, dass eine E-Mail – ebenso wie ein konventioneller Brief – eine Visitenkarte des Verfassers ist bzw. der durch ihn vertretenen Organisation. Sie löst beim Empfänger zwangsläufig ein diesbezügliches Werturteil aus. Insbesondere durch folgende typische E-Mail-Mängel kann diese Bewertung negativ ausfallen:

- Unpersönliche, abgekürzte oder sogar fehlende Anrede- sowie Grußformel
- Abstrakte, telegrammähnliche Verfassersprache
- Missverständliche oder lückenhafte Textgestaltung
- Gefühlsverletzungen durch unüberlegte Formulierungen
- Häufige Rechtschreib- oder grammatische Fehler

Empfängergerechte Anrede
Wie Sie in einer E-Mail den Empfänger begrüßen, entscheidet oftmals darüber, in welcher Stimmung er Ihre Nachricht liest und auf sie reagiert. Während für konventionelle Briefe nach wie vor relativ förmliche, standardisierte Anreden üblich sind, werden E-Mails tendenziell

direkter formuliert und wird bei den Anredeformulierungen individuell variiert.

Inwieweit es angebracht ist, hierbei unorthodox zu verfahren, hängt von der jeweiligen Beziehungsqualität ab: Hat man zum Empfänger ein eher distanziertes Verhältnis – beispielweise zu einer höhergestellten Persönlichkeit – gelten auch für E-Mails nach wie vor die herkömmlichen Regeln.

Beispielweise ist für formelle erste Geschäftsbeziehungen immer noch die konservative Anrede *„Sehr geehrte Damen und Herren,“* üblich und kann man damit nichts falsch machen. Wurden jedoch bereits persönliche Kontakte geknüpft, werden oft lockere Formulierungen gewählt wie *„Guten Tag, Frau Müller,“* oder sogar *„Guten Tag, liebe Frau Müller,“*.

Je länger eine Beziehung besteht, desto vertraulicher kann die Begrüßung ausfallen – beispielsweise: *„Hallo, Geschäftspartner,“*. Lässt aber der Korrespondenzpartner durch eine förmlichere Antwort erkennen, dass er die Beziehung nicht ebenso vertraut empfindet, sollten Sie das respektieren und sich bei weiteren Schriftwechseln seinem Stil anpassen.

Mitunter kommt es vor, dass ganz besonders eilige oder „progressive“ E-Mail-Verfasser sich eine Anredeformel gänzlich ersparen. Das ist selbstverständlich ein grober Verstoß gegen die Anstandsregeln!

Eine Ausnahme ist lediglich dann tolerierbar, wenn es zu einem „E-Mail-Pingpong“ kommt. Das heißt, wenn man in einem schnellen Frage- und Antwortwechsel nur sehr kurze Informationen austauscht.

Zum Beispiel:

„Lieber Herr Meier, hätten Sie morgen mal eine halbe Stunde Zeit für mich?“

„Ja Herr Schulze, aber erst am Nachmittag.“

„Wäre Ihnen 14 Uhr recht?“

„Lieber wäre mir eine halbe Stunde später.“

„Sagen wir um 15 Uhr?"

„Ja, das passt."

„Lieber bei Ihnen oder bei mir?

„Ist mir egal."

„Dann bin ich morgen um 15 Uhr bei Ihnen."

„O.k., dann bis morgen."

Hier wäre es unangemessen aufwendig und würde möglicherweise sogar etwas lächerlich wirken, wenn Sie den Korrespondenzpartner permanent mit Namen begrüßen und eine Grußformel anfügen würden.

Allerdings sollten Sie sich stets fragen, ob das Ganze nicht besser und schneller mit einem kurzen Telefonat zu regeln wäre, was dann außerdem etwas mehr persönliche Nähe hätte ...

Zielorientierender Abschluss
Hinsichtlich des Klimas gelten für den Schluss einer E-Mail tendenziell die gleichen Grundsätze wie für den Textanfang. Um bei Empfänger die gewünschte Wirkung zu erzielen empfiehlt es sich, am Schluss die eigenen Erwartungen noch einmal kurz zum Ausdruck zu bringen und ihn durch ein paar nette Worte positiv zu stimmen.

Zum Beispiel:

„Ich würde mich freuen, wenn es zu einer Zusammenarbeit kommen könnte und wünsche Ihnen ein angenehmes Wochenende."

Eine Unsitte ist, nicht nur innerhalb des E-Mail-Textes alles Mögliche und Unmögliche abzukürzen, sondern sogar die Grußformel zu einem *„MfG"* oder *„LG"* zu verstümmeln! Diese spartanischen Buchstaben machen weder eine unmittelbare Aussage noch können sie angenehmen Gefühle wecken. Aber gerade das ist der Sinn einer Grußformel: Sie soll den Empfänger positiv stimmen, damit er Ihr Anliegen wohlwollend aufnimmt. Durch derartige Reduzierungen wird aber mitunter sogar das Gegenteil erreicht und reagiert er verstimmt.

Hinsichtlich des Grads der Vertrautheit sollte die Grußformel der anfänglichen Anrede entsprechen. Also nicht etwa als Anrede: *„Lieber Herr Lehman,“* und als Grußformel: *„Mit vorzüglicher Hochachtung“*.

Auswirkungen auf das Zusammenarbeitsklima

Wenngleich die digitaltechnische Kommunikation erhebliche ökonomischen Vorzüge bietet, kann sie sich mitunter nachteilig auf den zwischenmenschlichen Umgang im Betrieb auswirken. Nämlich indem Mitarbeiter ihre E-Mails *übermäßig* kurz und sachlich verfassen. Da die emotionalen Begleitbotschaften durch Stimme und Mimik fehlen, werden derartige Schreiben mitunter als aggressiv empfunden, irritieren die Empfänger und lösen sogar manche Konflikte aus.

Ist die Zusammenarbeit zwischen einzelnen Kollegen ohnehin angespannt, verführt die schriftliche Kommunikation leicht zu konfliktverschärfenden Formulierungen.

6. Wie kann ich das Vertrauen anderer gewinnen?

Notwendigkeit und Funktionen von Vertrauen

Menschliche Gemeinschaften bilden sich, um gemeinsam bestimmte Ziele zu verfolgen oder Erreichtes gemeinsam zu schützen und bewahren. Das gilt für ganze Völkergemeinschaften ebenso wie für Wirtschaftsunternehmen, Fußballvereine oder Wohngemeinschaften.

Gemeinschaftlicher Nutzen von Vertrauen

Damit aber derartige Zweckgemeinschaften erfolgreich funktionieren, muss zwischen den Beteiligten ein ausgewogenes *Geben* und *Nehmen* herrschen. Jeder, der etwas zum gemeinsamen Vorhaben beiträgt, will darauf vertrauen können, dass sich auch die anderen engagiert einbringen und er für sich selbst einen angemessenen Nutzen erzielt.

Wird dieses Vertrauen nicht gerechtfertigt, wird er seine Leistungen reduzieren oder sich von der Gemeinschaft gänzlich verabschieden. Daher ist Vertrauen eine zwingende Voraussetzung für die Harmonie innerhalb einer jeden menschlichen Gesellschaft.

Dieses wichtige gegenseitige Vertrauen ist jedoch keine Selbstverständlichkeit! Aufgrund einer evolutionsbedingten sogenannten *Urangst* vor Unbekanntem oder wegen gemachter schlechter Lebenserfahrungen neigen wir dazu, uns fremden Menschen gegenüber zunächst eher misstrauisch zu verhalten. Obwohl wir selbst ein Bedürfnis nach Vertrauen haben, schenken wir es anderen nicht ohne Weiteres, sondern warten auf Ereignisse oder menschliche Signale, die Vertrauen rechtfertigen.

Arten und Ursprünge von Vertrauen

Je nachdem, worauf man das Wort *Vertrauen* bezieht, kann es unterschiedliche Zusammenhänge benennen. Man unterscheidet daher folgende Arten von Vertrauen:

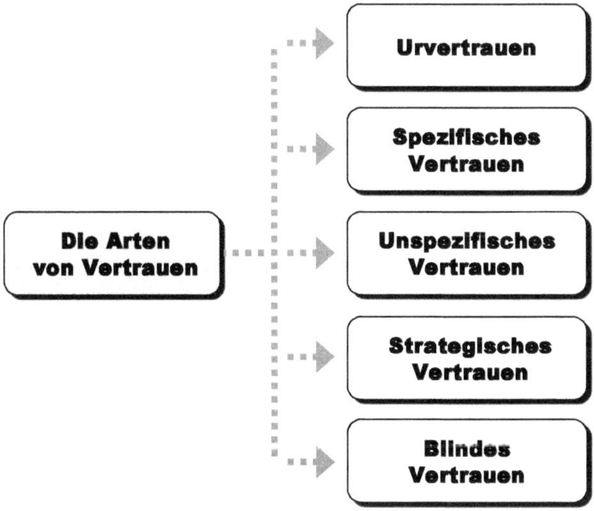

Das Urvertrauen als Lebenshilfe
Schon unmittelbar nach unserer Geburt machen wir unsere ersten Erfahrungen mit Vertrauen: Wir lernen darauf zu vertrauen, dass es Menschen gibt, die unser Überleben sichern, dass nämlich unsere Eltern für Nahrung sorgen und uns vor Gefahren schützen.

Im Lauf der Zeit beginnen wir uns daran zu gewöhnen, dass nach der Nacht ein Tag und nach dem Winter ein Frühling folgt. Es ist vermutlich der Grund dafür, warum wir trotz mancher Enttäuschungen letztlich doch immer wieder vertrauen. Warum wir uns immer wieder darauf verlassen, dass Eisenbahnen halbwegs pünktlich verkehren und nicht von Brücken stürzen und dass es auch morgen wieder die Zeitung und frische Brötchen geben wird.

Es ist uns zur Selbstverständlichkeit geworden, dass menschliche Gesellschaften funktionieren, indem sich alle auf andere verlassen, und akzeptieren wir es, auf die Leistungen vieler anderer angewiesen zu sein. Denn letztlich bleibt uns auch nichts anderes übrig, wenn wir ohne permanente Existenzängste durchs Leben gehen und unsere Bedürfnisse auf bequeme Weise befriedigen wollen.

Das spezifische Vertrauen

Anders geartet als das diffuse Urvertrauen ist ein auf bestimmte Bereiche begrenztes Vertrauen. Die Bereiche können durch gesellschaftliche Regelungen, typische Lebensumstände oder bestimmte Personenmerkmale wie Fachkompetenz, besondere Machtbefugnisse oder Charaktereigenschaften definiert sein. Wenn wir in einem speziellen Zusammenhang positive Erfahrungen gesammelt haben, neigen wir dazu, fremden Situationen oder Menschen, die ähnliche Merkmale aufweisen, zumindest auf diesen begrenzten Bereich bezogen zu vertrauen.

Selbst einem zuverlässigen guten Freund werden wir nicht immer *bedingungslos* vertrauen: Auch wenn er ein noch so geschickter Schreiner ist, werden wir ihm nicht ohne guten Grund das Einrichten unseres neuen Computers oder das Ausfüllen unserer Steuererklärung anvertrauen. Auch wenn wir jemandem in einer bestimmten Situation unser volles Vertrauen schenken, kann es sein, dass wir ihm in einem *anderen* Zusammenhang nicht über den Weg trauen. Mehr oder weniger unbewusst wird unser Vertrauen im Umgang mit anderen nahezu immer in diesem Sinn begrenzt sein.

Das unspezifische Vertrauen

Ein unspezifisches Vertrauen hingegen erwächst nicht aus konkreten Erfahrungen, sondern beruht vor allem auf einer besonders starken gefühlsmäßigen Beziehung. Das kann die große Liebe, eine enge familiäre Bindung oder kampferprobte Kameradschaft sein oder aus der grenzenlosen Bewunderung einer überzeugenden Persönlichkeit herrühren.

Das strategische Vertrauen
Im Gegensatz zum herkömmlichen, idealisierenden Vertrauensbegriff wäre das zielbewusst eingesetzte strategische Vertrauen zu nennen. Damit ist gemeint, dass man einem anderen auch ohne besondere Vorbedingungen das persönliche Vertrauen signalisiert, um auch *ihn* zu einem vertrauensvollen Verhalten zu ermutigen. Dass man ihm einen *Vertrauensvorschuss* anbietet, um an sein Gewissen sowie seine Anständigkeit zu appellieren und ihn auf diese Weise als Partner zu gewinnen.

Man spekuliert darauf, dass er sich mit Vertrauen revanchiert und sich so der eigene Vertrauensvorschuss auszahlt. Dieser berechnende Vertrauensvorschuss ist nüchtern betrachtet eine zielgerichtete *Manipulation*. In wohlmeinender Absicht eingesetzt, kann diese Strategie aber durchaus ein legitimes Mittel sein, um zu einer für beide Seiten nützlichen Kooperation zu gelangen.

Allerdings sind hierbei die Grenzen zur negativen Manipulation fließend: Strategisches Vertrauen wird manchmal zur Täuschung missbraucht und der andere bewusst zur Leichtgläubigkeit und damit Leichtfertigkeit verleitet.

Das blinde Vertrauen
Als blindes Vertrauen bezeichnet man im Allgemeinen ein Vertrauen aus Bequemlichkeit, Gedankenlosigkeit oder Leichtsinn. Es blendet jegliches Misstrauen und damit jede Vorsicht aus. Doch sind Enttäuschungen und Konflikte dadurch meist vorprogrammiert.

Vertrauen schaffendes Verhalten

Mitunter hört man Führungskräfte sagen: *„Nachdem Sie nun schon seit einem Vierteljahr in meiner Abteilung sind, müssen Sie mir doch vertrauen!“* Das ist schlichtweg Unsinn: Vertrauen ist kein rein rationaler und zeitlich definierbarer Vorgang, sondern ein auf subjektiven

Überzeugungen beruhender, in der Regel stark gefühlsmäßig geprägter Glaube an die Richtigkeit oder Wahrheit eines Vorgangs bzw. an die Redlichkeit der Handlungen oder Aussagen einer Person.

Normalerweise vertrauen wir erst dann, wenn uns etwas hinreichend bekannt ist und wir damit keine schlechten Erfahrungen gemacht haben. Das kann eine Person sein, mit der wir wiederholt Umgang hatten oder auch eine bestimmte Situation, die wir so oder so ähnlich schon einmal erlebt haben. Vertrauen in diesem engeren Sinn ist also nicht von vornherein gegeben, sondern entsteht erst durch Bestätigung eigener Erwartungen oder Hoffnungen. Je häufiger die Bestätigung, desto stärker und vorbehaltloser wird das Vertrauen.

Somit lässt sich das Entstehen von Vertrauen auch wie folgt erklären: Will man in einer neuen personellen Konstellation ein Vertrauensverhältnis aufbauen oder von einem anderen überhaupt erst einmal eine erste Vertrauensbestätigung erhalten, bleibt einem nichts anderes übrig, als sich auch ohne jegliche Erfahrung zunächst ein Stück weit auf das Geschehen einzulassen. Das heißt, dieser erste, *risikobehaftete* Schritt ist letztlich ein Akt *unbegründeten* Vertrauens.

So betrachtet entsteht Vertrauen doch *nicht nur* durch bestätigte Erwartungen, sondern erfordert ein gewisses Potenzial an Mut sowie Grundvertrauen in das Leben.

Meistens versuchen wir dieses Anfangsrisiko zu minimieren, indem wir uns an etwas Vergleichbarem orientieren. Das können sein:

- Erfahrungen aus ähnlichen Begebenheiten
- Allgemeingültige Regelungen oder abgesichertes Fachwissen
- Ratschläge oder Empfehlungen anderer

Vertrauen kann man nicht erzwingen – man muss es sich erwerben.

Regelkreis der Vertrauensbildung

Man kann den Prozess der Vertrauensbildung auch als kybernetischen Regelkreis darstellen. Nachstehend am Beispiel einer Vertrauensentwicklung zwischen einem Vorgesetzten und seinem Mitarbeiter.

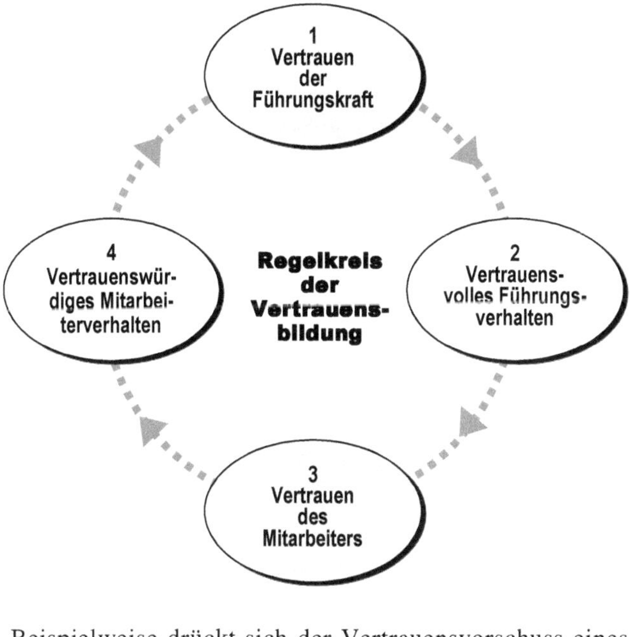

Beispielweise drückt sich der Vertrauensvorschuss eines Vorgesetzten gegenüber einem neu eingestellten Mitarbeiter durch ein *vertrauensvolles* Verhalten aus, was naturgemäß auch bei diesem ein gewisses Vertrauensgefühl weckt. Normalerweise wird er dann bemüht sein, sich das Vertrauen des Vorgesetzten zu bewahren, indem er es durch ein *vertrauenswürdiges* Verhalten rechtfertigt. Das wiederum ist für den Vorgesetzten eine Bestätigung seines Vertrauensvorschusses, was sein Vertrauen zum Mitarbeiter stärkt. Auf diese Weise kann sich im Lauf der Zeit ein tragfähiges und dauerhaftes Vertrauensverhältnis entwickeln.

Selbstverständlich funktioniert dieser Regelkreis aber auch in *entgegengesetztem* Sinn: Misstraut ein Vorgesetzter einem Mitarbeiter von Anbeginn an und kontrolliert ihn besonders genau, wird das auch ihn skeptisch machen, wird er eher ängstlich taktieren und Fehler möglichst zu vertuschen suchen. Bemerkt dies der Vorgesetzte, sieht er sein anfängliches Misstrauen bestätigt. Es wird dadurch zunehmen und er sich genötigt sehen, den Mitarbeiter noch pedantischer zu kontrollieren – der Regelkreis wird erneut durchlaufen und sich möglicherweise sogar noch beschleunigen. Man nennt das auch eine *sich selbst erfüllende Vorhersage*.

Vertrauen schafft Vertrauen – Misstrauen schafft Misstrauen!

Balance zwischen Vertrauen und Misstrauen

Mangelndes Vertrauen kann nur ersetzt werden durch bis ins letzte Detail geregelte Vorgaben und lückenlose Kontrolle.

Ein solches Zusammenwirken ist jedoch völlig auf die Sachebene reduziert und missachtet fundamentale emotionale Bedürfnisse. Persönliche Wertschätzung und zwischenmenschliche Harmonie bleiben auf der Strecke. Die Beteiligten werden auf Dauer unzufrieden und es entwickelt sich kein echtes Partnerschaftsgefühl. Spätestens beim Auftreten von persönlichen Differenzen oder belastenden Problemen erweist sich die Brüchigkeit derartiger Beziehungen: Statt sich gegenseitig zu unterstützen, versucht jeder, sich noch stärker abzusichern. Statt alle Energien für die Problembewältigung zu mobilisieren, werden sie für Rechtfertigungen und Schuldzuweisungen verschwendet. Es kommt zu unnötigen Konflikten bis hin zu bewusst schädigendem Verhalten, was zwangsläufig zusätzliche Probleme nach sich zieht.

Andererseits führt *uneingeschränktes* Vertrauen ohne jegliche Vorsicht – sogenanntes blindes Vertrauen – mit hoher Wahrscheinlichkeit irgendwann zu einer *Enttäuschung*. Irgendwann wird auch der blind Vertrauende sehend und bemerkt, dass er etwas leichtfertig hergegeben hat. Meist wird er dann die Schuld dafür nicht nur bei sich selbst suchen, sondern auch den Partner verantwortlich machen, was bis zum Bruch der Beziehung führen kann. Bei allem Vertrauen ist daher stets auch ein angemessenes Maß an Vorsicht angebracht, sollte man ein sogenanntes *gesundes* Misstrauen hegen.

Damit eine Kooperation auf Dauer bestehen kann, darf der Blick für mögliche Risiken nicht verstellt sein, sondern ist ein *Minimum* vorsorglicher Absprachen oder Regelungen notwendig. Die Partner müssen sich hinsichtlich ihrer unterschiedlichen Erwartungen klar und eindeutig austauschen, um diese wechselseitig beachten zu können. Allerdings ist blindes Vertrauen wesentlich *seltener* anzutreffen als unbegründetes Misstrauen!

Tragfähige Partnerschaften und Vereinbarungen erfordern ein ausgewogenes Verhältnis von Vertrauen und Misstrauen.

7. Wie kann ich Konflikte vermeiden bzw. lösen?

Konflikte als Denk- und Handlungsimpulse

Konflikte sind nicht generell schädlich, sondern oftmals sogar *notwendig*. Mitunter löst erst das Ausbrechen eines Konflikts bei den Beteiligten den nachstehend beschriebenen Prozess aus und führt dadurch zur Lösung mancher schon länger andauernder Probleme.

Auch können die ausgelösten Reflexe zur Realisierung eines langgehegten Vorhabens anregen oder zur Nachbesserung unzulänglicher Gegebenheiten.

1. Emotionalisierung
Die Konfliktbeteiligten werden vom Problem gefühlsmäßig betroffen und dadurch sensibilisiert. Sie nehmen das Problem nicht mehr rein rational wahr, sondern bewerten es auch emotional.

2. Offenbarung
Die Emotionalisierung bewirkt, dass sich die Betroffenen mit dem Problem intensiv auseinandersetzen und sie das

Bedürfnis entwickeln, ihre Gefühlslage auch den anderen kundzutun.

3. Aktivierung
Die Gefühlsäußerungen wecken bei den Konfliktbeteiligten neue Energien. Sie werden zu (mitunter längst fälligen) Entscheidungen veranlasst und bemühen sich um eine Problemlösung.

Folgen unangebrachter Konfliktvermeidung

Konflikte werden in aller Regel als störend und belastend erlebt. Daher ist es verständlich, wenn Menschen konfliktfrei leben wollen und im Allgemeinen Harmonie anstreben. Doch *belasten* verdrängte Konflikte auf Dauer die Befindlichkeiten sowie Beziehungen der Beteiligten und brechen oft im unpassendsten Moment auf – und dann meist in verschärfter Form.

Daher sollten Sie problematische Zustände oder Ereignisse nicht aus Bequemlichkeit oder falschverstandenem Harmoniestreben ignorieren. Vielmehr sollten Sie sich den Problemen *stellen*, sie nüchtern analysieren und trotz zu befürchtender Konflikte mit den anderen Problembeteiligten auf konstruktive Weise zu *beseitigen* suchen.

Verständnisbedingte Konfliktursachen

Eine der Defintionen des Begriffs *Konflikt* lautet:

> **Ein „Konflikt" liegt vor, wenn mehrere Personen versuchen, scheinbar oder tatsächlich unvereinbare Absichten zu verfolgen.**

Wenn es in dieser Begriffserklärung *scheinbar* heißt, so ist damit gemeint, dass es sich im Verlauf eines Konfliktgeschehens manchmal herausstellt, dass es lediglich wegen einer unzutreffenden Wahrnehmung oder einer missverstandenen Äußerung zum Disput kam – eigentlich gar keine *unvereinbaren* Absichten vorliegen, sondern es sich lediglich um ein *Kommunikationsproblem* handelt.

Unzulänglichkeiten von Sprache

Zu derartigen Missverständnissen kann es leicht kommen, da Sprache immer *mehrdeutig* und somit *missverständlich* sein kann. Damit es dennoch nicht zu konfliktauslösenden Missverständnissen kommt, sollte man sich dessen stets bewusst sein und die nachstehend geschilderten Verständigungsrisiken in Rechnung stellen.

Mehrfach besetzte Begriffe
Obwohl die deutsche Sprache rund 150.000 Wörter aufweist, reicht diese sprachliche Vielfalt bei Weitem nicht aus, um alle konkreten Sinngegenstände, geschweige denn abstrakten Sinnbilder eindeutig benennen zu können.

Daher sind auch nahezu alle Wörter mehrfach besetzt. Das heißt sie haben je nach Anwendungsbereich teilweise völlig unterschiedliche Bedeutungen. Simples Beispiel: Mit dem Wort *Bank* kann ein *Sitzmöbel* gemeint sein, aber auch ein *Geldinstitut.*

Sprachempfinden
Menschen haben unterschiedliche Sprachgewohnheiten und demzufolge ein individuelles Sprachempfinden. Dabei spielen die persönlichen Lern- und Lebenserfahrungen eine Rolle, können aber auch momentane Situationseinflüsse oder Stimmungslagen die Interpretation sprachlicher Botschaften beeinflussen.

Ein und dieselbe Formulierung kann demzufolge bei unterschiedlichen Gesprächspartnern oder in einem unterschiedlichen situationsbedingten Kontext zu gänzlich unterschiedlichen Rückschlüssen oder Gefühlsreaktionen führen.

Gliederung und Reihenfolge der Sätze
Begriffe können je nach Stellung innerhalb eines Satzes unterschiedlichen Nachdruck erhalten. Ebenso verhält es sich mit der Reihenfolge ganzer Sätze. *(„Der erste Satz öffnet – der letzte bleibt.“)*

Körpersprache
Insbesondere körpersprachliche Signale durch Mimik, Gestik und Stimme vermitteln bewusst oder unbewusst die gefühlsmäßige Verfassung des Senders, lösen aber auch beim Empfänger gewollte – manchmal allerdings auch *ungewollte* emotionale Reaktionen aus.

Sorgsamer Umgang mit der Sprache

Sprache ist, wie schon angemerkt, stets mehrdeutig und kann somit leicht zu Konflikten zwischen Gesprächspartnern führen. Daher sollten Sie mit der Sprache sorgsam umgehen und alles dafür tun, um nicht missverstanden zu werden. Insbesondere in konfliktträchtigen Gesprächen sollten Sie es bestmöglich absichern, dass Sie im gewünschten Sinn verstanden werden. Beispielsweise durch

- erläuternde, möglichst bildhafte Zusätze,
- anders formulierte Wiederholungen wichtiger Aussageinhalte oder
- Kontrollfragen bzw. die Bitte um Wiederholung.

> **Es kommt nicht darauf an, was Sie meinen, sondern was beim Gesprächspartner ankommt.**

Konfliktlösendes Kommunikationsverhalten

Zur Konfliktbewältigung ist es vor allem wichtig, dass Sie beim Gesprächspartner keine aggressiven Gefühle wecken bzw. bereits vorhandene versuchen abzubauen. Erst dann ist eine konstruktive Konfliktlösung in der

Sache möglich. Es kann dabei hilfreich sein, wenn Sie es sich bewusstmachen, dass der Konflikt mit hoher Wahrscheinlichkeit den Gesprächspartner ebenso belastet und auch er an einer einvernehmlichen Konfliktlösung interessiert ist. Sie sich also gegenseitig brauchen, um die schwierige Situation meistern zu können.

Auch sollten Sie es in Rechnung stellen, dass sich eventuelle Angriffe des anderen normalerweise nicht gegen Ihre Persönlichkeit richten, sondern *auch er* lediglich seine Interessen in einer strittigen Angelegenheit wahren will. Es sei denn, es ist ohnehin ein tiefgreifender Beziehungskonflikt gegeben.

Eigenes Konfliktverhalten

Will man eine Konfliktlösung erreichen, gelingt das in aller Regel nur über das *eigene* Konfliktverhalten. Andere zu belehren und zu einem konstruktiven Verhalten aufzufordern, erzeugt meist nur zusätzliche Widerstände und ist zum Scheitern verurteilt. Wenn überhaupt, kann man am ehesten durch das eigene positive Beispiel auf das Verhalten anderer Einfluss nehmen. Zur Bewältigung eines zwischenmenschlichen Konflikts sollten Sie daher – bei sich selbst beginnend – in folgenden zwei Schritten vorgehen:

1. Erkennen der Eskalationsrisiken
Sich dessen bewusst sein, welche Behauptungen, Reizwörter oder Formulierungen nicht sachdienlich sind, sondern den Gesprächspartner unnötig provozieren können. Dabei auch dessen individuelle Mentalität und momentane Gefühlssituation berücksichtigen.

2. Das Eskalationsrisiko abbauendes Eigenverhalten
Nicht überheblich wirken und den Gesprächspartner herablassend behandeln. Vielmehr Verständnis für ihn und seine Situation signalisieren. Andererseits die eigene Interessenlage schildern und um Verständnis bitten.

Bei nachrangigen Detailfragen nicht aus Prinzip auf seinem Standpunkt verharren, sondern sich angemessen *kompromissbereit* zeigen. Was noch nicht bedeutet, dem anderen in der Hauptsache zuzustimmen oder das eigene Anliegen *aufzugeben!*

> **Ob sich ein Konflikt konstruktiv oder destruktiv auswirkt, hängt in erster Linie davon ab, mit welchen kommunikativen Mitteln man ihn austrägt.**

Problemgerechte Argumentationsebene

Zwischenmenschliche Konflikte werden meist durch die folgenden beiden Arten von Problemen ausgelöst:

1. *Sachprobleme*
   Die Konfliktbeteiligten haben in der Sache unterschiedliche Absichten oder Meinungen.
2. *Beziehungsprobleme*
   Die Beziehung der Konfliktbeteiligten ist durch verletzte Gefühle gestört.

Bei einer Auseinandersetzung über eine Sachfrage kann es allerdings schnell dazu kommen, dass ein Gesprächspartner durch aggressive Äußerungen die Gefühle des anderen verletzt und dadurch ihre beiderseitige *Beziehung* beeinträchtigt wird.

Wurde das Verhältnis sogar gravierend gestört, kann es dazu führen, dass die Gesprächspartner ihren verletzten Gefühlen auf der *Sachebene* freien Lauf lassen. Indem sie überzogene Behauptungen aufstellen, unlautere Argumenten einbringen oder den anderen übervorteilen wollen, um sich zu revanchieren.

Demzufolge kann durch ein Argumentieren auf der unzutreffenden Ebene unversehens aus einem *Sachkonflikt* ein *Beziehungskonflikt* entstehen bzw. sich verstärken. Das dadurch belastete Klima wiederum führt dann möglicherweise zu Differenzen in einer *weiteren* Sachfrage, sodass sich ein *neuer* Sachkonflikt entwickelt, was die Beziehung zusätzlich beschädigt.

Setzt sich diese Kette von Ursachen und Wirkungen über einen längeren Zeitraum fort, können es die Gesprächspartner irgendwann nicht mehr nachvollziehen, was ihr Zerwürfnis *ursprünglich* ausgelöst hatte – warum sie einfach nicht mehr aggressionsfrei miteinander reden können.

Ein Konflikt lässt sich aber nur dann nachhaltig lösen, indem man vor allem die *konfliktauslösenden* Ursachen beseitigt. Man einerseits die strittige Sachfrage klärt, sich gegebenenfalls aber auch mit der Beziehungsstörung auseinandersetzt. Dabei ist es wichtig, jeweils auf der zutreffenden Ebene zu argumentieren, damit man nicht

- an den eigentlichen Problemen vorbeiredet,
- unnötige Missverständnisse schafft,
- ungewollt negative Gefühle weckt und
- dadurch den Konflikt eskalieren lässt statt ihn zu beheben.

> **Bei Sachproblemen auf der Sachebene argumentieren – bei Beziehungsproblemen hingegen auf der Gefühlsebene!**

Die vier Botschaften bzw. Aspekte einer Nachricht

Der Psychologe *Friedemann Schulz von Thun* hat ein Modell der zwischenmenschlichen Kommunikation entwickelt, das eine Erklärung für viele Kommunikationsprobleme und Konfliktverläufe liefert. Nicht selten kommt es in Gesprächen nämlich nur deshalb zum Konflikt, weil eine Aussage vom jeweiligen Gesprächspartner anders *verstanden* wird, als sie *gemeint* war.

Gemäß dem Kommunikationsmodell entstehen derartige Missverständnisse oftmals dadurch, dass ein und dieselbe gesendete Nachricht *verschiedenartige* oder gleich *mehrere* Botschaften beinhalten kann.

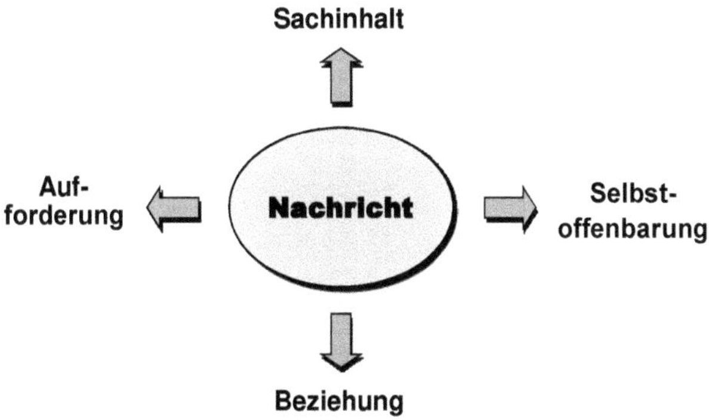

1. **Sachinhalt** *(„Worüber ich dich informieren will.")*
   Hierbei handelt es sich um Sachinformationen zum Gesprächsgegenstand. Wenn es um die Sache geht, steht demzufolge dieser Aspekt der Nachricht im Vordergrund (oder sollte es zumindest).
2. **Selbstoffenbarung** *(„Was ich von mir zu erkennen gebe.")*
   Jede Nachricht sagt auch etwas über die Person des Senders aus. Entweder weil er einen bestimmten Eindruck von sich vermitteln will oder unfreiwillig etwas über ihn erkennbar wird.
3. **Beziehung** *(„Wie ich dein Verhalten und unser Verhältnis empfinde.")*
   Durch die Art und Weise, wie eine Nachricht gesendet wird, drückt sie aus, wie der Sender den Empfänger sieht und wie er die gemeinsame Beziehung beurteilt.
4. **Aufforderung** *(„Wozu ich dich veranlassen will.")*
   Jede zielgerichtete Nachricht soll den Empfänger beeinflussen, soll ihn veranlassen, in einer bestimmten Weise zu denken, fühlen oder handeln oder etwas zu unterlassen.

Während es sich bei der *Selbstoffenbarung* in erster Linie um *Ich-Botschaften* handelt, enthalten der Beziehungs- und der *Aufforderungsaspekt* vor allem *Du-Botschaften.* Demzufolge beziehen sie sich direkt auf die Persönlichkeit des Empfängers und reagiert dieser daher naturgemäß besonders empfindsam. Welcher der Aspekte in einem Gespräch am stärksten wirksam wird, hängt davon ab, wie der *Sender* einerseits und der *Empfänger* andererseits geprägt sind. Das heißt, worin beide besonders empfindsam sind.

Was den *Sender* anbelangt, so spielen für die Wirkung seiner Nachricht neben seiner charakteristischen Wortwahl auch seine typischen nonverbalen Signale wie Tonfall, Mimik und Gestik eine wichtige Rolle. Das gilt vor allem für die besonders emotional besetzten Botschaften der Selbstoffenbarung und Beziehung.

Die Sensibilität des *Empfängers* hängt maßgeblich von den Erfahrungen ab, die er in ähnlichen Gesprächssituationen oder mit dem jeweiligen Gesprächspartner schon einmal gemacht hatte. Unabhängig davon sind seine Wahrnehmungen und Reaktionen aber auch stark geprägt durch seine persönliche Mentalität sowie seine Kommunikationsgewohnheiten.

In der nachstehenden Abbildung ist die alltägliche Situation eines autofahrenden Ehepaars dargestellt, bei der die Ehefrau die Fahrzeuglenkerin ist und der Ehemann lediglich der Beifahrer.

Die Situation verdeutlicht, welche gravierenden Unterschiede bestehen können zwischen dem *rein rationalen* Inhalt der Botschaft des beifahrenden Ehemanns sowie seiner eventuell zusätzlich gesendeten – oder auch nur von der Ehefrau als Fahrerin *hineingedeuteten emotionalen* Botschaft bzw. Botschaftenen.

Bemerkung des Ehemanns

War die Bemerkung als rein rationale Nachricht gemeint, wollte der Ehemann der Fahrzeuglenkerin lediglich einen gegebenen Sachverhalt mitteilen *(Sachaspekt).* Möglicherweise wollte er aber auch der Ehefrau signalisieren, dass er die Verkehrssituation früher als sie erkannt hat und was für ein aufmerksamer Autofahrer er ist *(Selbstoffenbarungsaspekt).* Andererseits hatte er damit aber vielleicht ausdrücken wollen, dass er sich über die Unaufmerksamkeit seiner Frau ärgert, somit die Beziehung zwischen beiden beeinträchtigt ist. *(Beziehungsaspekt).* Ebenso könnte es aber auch sein, dass es eine Aufforderung zum Loszufahren war *(Aufforderungsaspekt).* Vermutlich war in der Bemerkung von jedem der vier Aspekte etwas enthalten.

Antwort der Ehefrau

Die Reaktion der Ehefrau könnte bedeuten, dass auch sie die Ampelschaltung wahrgenommen hatte und wisse, was das grüne Signal bedeutet *(Sachaspekt).* Vielleicht hatte sie ihm aber auch unmissverständlich klarmachen wollen, dass sie als Fahrzeuglenkerin die alleinverantwortliche Entscheiderin ist *(Selbstoffenbarungsaspekt).* Oder aber sie vermutete, er wolle seinem Ärger über ihr Fahrverhalten Luft machen und fühlte sich daher angegriffen *(Beziehungsaspekt).* Sie könnte die Bemerkung aber auch als Befehl loszufahren verstanden haben *(Aufforderungsaspekt).* Wie die Ehefrau die Nachricht verstanden hat, hing also auch davon ab, welchen Aspekt sie am stärksten herausgehört hatte, das heißt, wie sie die Nachricht *interpretierte*.

Schlussfolgerungen für das Konfliktverhalten

Welcher der Aspekte in einem Gespräch am stärksten wirksam wird, hängt davon ab, wie die Gesprächspartner emotional geprägt sind. Um Konflikte zu vermeiden oder zu minimieren, sollten Sie daher in kontroversen Gesprächen die nachstehenden Punkte beachten.

1. *In der Rolle als Sender*
   Mit Argumenten und Worten, die für die *eigene* Prägung *charakteristisch* sind, nicht unbedacht umgehen. Es vermeiden, entsprechende riskante Redewendungen gewohnheitsmäßig zu benutzen, um keine ungewollten emotionalen Botschaften zu senden. Weiß man, dass der jeweilige Gesprächspartner hinsichtlich eines bestimmten Aspekts besonders sensibel ist, sollte man nicht ohne Not darauf gerichtete negative Äußerungen machen.
2. *In der Rolle als Empfänger*
   Wenn man von einem Gesprächspartner weiß, dass der in einer bestimmten Weise *konditioniert* ist, sollte man dessen diesbezügliche Äußerungen *relativieren* sowie überzogene Formulierungen übergehen. Man sollte überlegen, *warum* jemand einen bestimmten Aspekt besonders betont, um angemessen verständnisvoll darauf reagieren zu können. Oder ihn auf das Verständigungsproblem ansprechen – möglicherweise erkennt er dann, dass er einen ungewollten Eindruck vermittelt hatte und korrigiert sich.

Aggressionsprävention durch Ich-Botschaften

Wenn ein Gesprächspartner den anderen zu etwas auffordert, ihm einen Vorwurf macht oder etwas unterstellt, so ist das stets – direkt oder indirekt – eine sogenannte *Du-Botschaft*. Das sind Äußerungen wie:

„Das haben *Sie* aber vorher gewusst."

„Das müsste *Ihnen* nunmehr klar sein."

„*Sie* argumentieren jetzt unlogisch."

Formuliert ein Gesprächspartner seine Meinungen ständig als Du-Botschaften, fühlt sich der andere zunehmend unter Druck gesetzt und wird sich naturgemäß wehren. Möglicherweise wird er sogar überreagieren und nach den naturgegebenen Verhaltensmustern von Angriff und Flucht entweder aggressiv werden oder sich total verweigern. Beide Arten des Gesprächsverhaltens sind selbstverständlich konfliktfördernd und machen es mitunter unmöglich, zu einem einvernehmlichen Gesprächsergebnis zu kommen.

Häufige Formulierungen mit Du-Botschaften führen beim Gesprächspartner zunehmend zu einer Abwehrhaltung.

Im Interesse eines aggressionsfreien Gesprächs sollte man daher angreiferisch wirkende Du-Botschaften möglichst vermeiden. Es wirkt partnerschaftlicher, lediglich mit Ich-Botschaften die eigene Befindlichkeit und das eigene Anliegen zu artikulieren, statt Forderungen zu erheben oder dem Gesprächspartner etwas vorzuwerfen.

Also nicht:
„*Du* sollst denken – fühlen – tun!"

Sondern besser:
„*Ich* meine – fühle – will von dir, weil ..."

Das oben geschilderte dritte Beispiel einer Du-Botschaft könnte dann als Ich-Botschaft formuliert folgendermaßen lauten:

„*Ich* halte Ihre Argumentation für unlogisch."

Doch ist auch diese Formulierung streng wissenschaftlich betrachtet keine lupenreine Ich-Botschaft: Indem man den Grund für die persönliche Befindlichkeit äußert, benennt man damit auch – direkt oder indirekt – den Gesprächspartner als Verursacher. Man bezeichnet derartige Formulierungen daher auch als *versteckte Du-Botschaften*. Als lupenreine Ich-Botschaft formuliert müsste das Beispiel demzufolge in etwa so lauten:

„*Ich* kann das jetzt nicht einordnen."

Doch würde der andere dann vermutlich zurückfragen: *„Warum?"* Man dann also doch konkreter werden müsste. Letztlich müssen die Dinge irgendwann beim Namen genannt werden! Es ist demzufolge unrealistisch, in einer Debatte *ausschließlich* absolut reine Ich-Botschaften zu senden. Würden Gesprächspartner ständig nur ihre eigenen Gefühle artikulieren, käme ein *sachbezogener* Dialog schwerlich zustande.

Indem man sich darauf beschränkt, seinen Standpunkt in der Ich-Form darzulegen, bietet man dem anderen die Chance, ohne *Gesichtsverlust* auf einen zuzugehen. Außerdem appelliert man mit dem defensiven Verhalten unterschwellig an seine Fainess oder sein Gewissen. Auf diese Weise kann man einer aggressiven Gesprächsatmosphäre vorbeugen und somit eine Konflikteskalation verhindern.

Mit Ich-Formulierungen signalisiert man Zielstrebigkeit und Selbstsicherheit, ohne dabei angreiferisch zu wirken.

Auch kann man einen angreiferischen Gesprächspartner mit Ich-Botschaften überraschen: Normalerweise wird er auf seine aggressiven Äußerungen eine ähnlich aggressive Du-Botschaft als Erwiderung erwarten. Antwortet man aber stattdessen mit einer sachlichen Ich-Botschaft, hat man ihn mit seiner Offensive ins Leere laufen lassen.

Allerdings hat diese defensive Taktik auch ihre Grenzen: Ist der andere kein halbwegs konstruktiver Gesprächs*partner,* sondern sich als uneinsichtiger *Gegner* aufführt, wird er ein kooperatives Verhalten möglicherweise als Schwäche auslegen und auszunutzen suchen. Dann kann auch mal eine nachdrückliche Du-Botschaft angezeigt sein, wie etwa: „Wenn *Sie* weiterhin so kompromisslos argumentieren, werden wir zu keiner tragfähigen Lösung kommen können!"

Hier einige typische Formulierungsbeispiele – einmal als offensive Du-Botschaften und andererseits als passive Ich-Botschaften.

Typische Du-Botschaft	**Alternative Ich-Botschaft**
Ihre Bemerkung ist unzutreffend.	*Ich* halte diese Bemerkung für unzutreffend.
Mit *Ihrer* Interpretation liegen *Sie* falsch.	*Ich* interpretiere das anders.
Sie haben viel zu lange Lieferzeiten.	Die Lieferzeiten sind für *uns* viel zu lang.
Sie haben dabei einen wichtigen Aspekt übersehen.	*Ich* sehe dabei noch einen weiteren wichtigen Aspekt.
Das haben *Sie* schon einmal behauptet.	Dazu hatte *ich* mich bereits geäußert.
Sie haben meine Frage noch nicht beantwortet.	*Mir* fehlt noch eine Antwort auf meine Frage.
Sie haben mich da falsch verstanden.	*Ich* habe mich da wohl missverständlich ausgedrückt.

Grundregeln für konstruktive Konfliktgespräche

1. *Alle erforderlichen Sachinformationen austauschen*
   Ungleicher Wissensstand und Missverständnisse in der Sache sind oft die Ursachen von Differenzen auf

der Beziehungsebene. Daher dem Gesprächspartner alle wichtigen Sachinformationen geben und alle selbst benötigten erforderlichenfalls erfragen. Missverständnissen durch Wiederholungen oder Rückfragen vorbeugen bzw. sie ausräumen.

2. *Eigene Sicht zur Konfliktsituation schildern*
   Bei abweichenden Einschätzungen die unterschiedlichen Wahrnehmungen und Bewertungen aufklären. Dabei die Konfliktauswirkungen nicht verharmlosen, aber auch nicht dramatisieren. Gegebenenfalls dem Gesprächspartner seine unterschwelligen Aggressionen bewusst machen und auf konstruktive Weise kommentieren. Notfalls auch auf Kosten einer vorübergehenden Konfliktverschärfung.

3. *Interesse am Anliegen des anderen signalisieren*
   Geduldig zuhören, ausreden lassen, nachfragen. Augenkontakt halten, oft mit Namen ansprechen. Auf Gemeinsamkeiten hinweisen (nachteilige Konfliktfolgen, beiderseitiger Lösungsnutzen, gleichartige Interessen und Meinungen).

4. *Gefühle und Bedürfnisse registrieren*
   Sich selbst wahrnehmen, um sich der eigenen Emotionen und deren Ursachen bewusst zu werden. Andererseits aus Worten, Mimik, Gestik und Körperhaltung auf die Gefühlslage des anderen schließen. Unausgesprochene, aber erkannte bzw. vermutete negative Gefühle oder unausgesprochene Wünsche des anderen ansprechen, jedoch ohne dabei zu bewerten. Im Zweifel ihn danach fragen.

5. *Prinzipien und Gefühle des anderen respektieren*
   Es sind individuelle Eigenheiten und ist daher müßig, sie bewertend zu diskutieren – es würde den Konflikt unnötigerweise verschärfen. Es kann nur darum gehen, sie weitestgehend in Einklang mit den eigenen Absichten zu bringen bzw. um Verständnis für abweichende Gefühle und Bedürfnisse zu werben. Sich in die Lage des anderen versetzen, um dessen Haltung

besser zu verstehen. und sich damit konstruktiv auseinandersetzen zu können.

6. *Keine zusätzlichen Aggressionen wecken*
   Bei persönlichen Angriffen nicht mit gleicher Münze heimzahlen, sondern souverän bleiben. Aggressive Bemerkungen übergehen, sofern sie nicht überzogen oder gar beleidigend sind. Nicht einzelne Worte oder Formulierungen kritisieren, sondern nur zum gesamten Sinngehalt Stellung nehmen. Nicht verallgemeinern oder überzeichnen, sondern bei den konkreten Tatbeständen bleiben.
7. *Keine Verärgerung zeigen*
   Kontroverse Sachmeinungen und Ansichten des anderen nicht als Angriff auf die eigene Person werten, sondern gelassen bleiben. Eigene Verletzungen oder Enttäuschungen zwar äußern, aber als eigenes Problem formulieren und nicht als Schuldzuweisung.

Trotz vorhandener Differenzen souverän bleiben und sich angemessen höflich, freundlich sowie fair verhalten.

8. Wie kann ich Probleme bestmöglich lösen?

Probleme und persönliches Problemverhalten

Was ist ein Problem?

Wie bei allen Begriffen unserer Sprache wird auch das Wort *Problem* je nach Anwendungsbereich unterschiedlich definiert. Eine der gebräuchlichen Definitionen lautet gemäß DUDEN: *„Eine Situation wird als Problem bezeichnet, wenn die tatsächlichen Gegebenheiten von den angestrebten abweichen bzw. anerkannte Normen nicht eingehalten sind.“* Oder arbeitswissenschaftlich ausgedrückt kurz:

Ein Problem ist eine Soll-Ist-Abweichung.

Probleme sind ein unumgänglicher Bestandteil unseres Lebens. *Ständig* geraten wir in Situationen, in denen irgendwelche Gegebenheiten nicht unseren Erwartungen entsprechen oder unserem Vorhaben im Weg stehen. Zum einen, weil andere Menschen manchmal Absichten verfolgen, die mit unseren eigenen kollidieren. Zum Beispiel wenn einem jemand das letzte freie Taxi vor der Nase wegschnappt und wir uns deshalb verspäten. Zum anderen, weil naturgegebene, vom Menschen unbeeinflussbare Umweltbedingungen unsere Pläne durchkreuzen. Wir uns beispielsweise vorgenommen hatten, nach Tirol zum Skifahren zu fliegen und gerade dann sämtliche Flüge witterungsbedingt gestrichen werden.

Unterschiedliches Problemverhalten

Probleme werden im Allgemeinen als etwas *Negatives* empfunden und wird versucht, ihnen möglichst aus dem

Weg zu gehen. Dennoch ist es unvermeidbar, dass wir immer wieder mit problematischen Situationen konfrontiert werden. Die menschlichen Reaktionen darauf können individuell unterschiedlich sein:

- Manche verschließen die Augen und ignorieren das Problem einfach,
- andere meinen, sowieso nichts ändern zu können und bemitleiden sich,
- wieder andere stellen sich der Situation und versuchen, daraus das Beste zu machen.

Logischerweise eröffnet die *letztgenannte* Reaktionsweise die größten Chancen der Problembewältigung. Es ist hinreichend erwiesen, dass optimistische Menschen erfolgreicher sind als Pessimisten.

Ein Pessimist neigt bei auftretenden Problemen dazu, von *vornherein* davon auszugehen, dass jegliche Versuche der Problemlösung scheitern werden. Folglich signalisiert ihm sein Unterbewusstsein, dass es unvernünftig wäre, größere Anstrengungen zu unternehmen und lässt ihn schnell resignieren.

Hingegen setzt eine zuversichtliche Grundhaltung mitunter ungeahnte Kräfte frei. Während der Pessimist sich durch einen gescheiterten Lösungsversuch bestätigt fühlt (was seine negative Grundhaltung weiter verfestigt!), versucht der Optimist, selbst aus fehlgeschlagenen Vorhaben etwas *Nützliches* zu machen.

Indem er die Situation zumindest in der Nachschau analysiert und sich überlegt, was er daraus lernen kann. Er immerhin erkennt, was er bei gleichartigen Problemen künftig besser machen könnte.

Optimismus macht tatkräftiger und somit erfolgreicher als Pessimismus.

Nutzen gescheiterter Lösungsversuche

Manchmal stellt es sich sogar heraus, dass auch ein fehlgeschlagener Lösungsversuch sein Gutes hatte. Hatte man sich beispielsweise zu spät für ein günstig erscheinendes Wohnungsangebot entschieden und die Gelegenheit verpasst, wird man das naturgemäß bedauert haben. Wenn man jedoch einige Wochen später ein noch besseres Angebot erhalten hatte, war man sicher froh, das erste nicht wahrgenommen zu haben. Fazit der Geschichte: Bei erfolglosen Problemlösungsversuchen sollte man nicht in nutzlosem Mitleid verharren, sondern aktiv bleiben und zuversichtlich nach *neuen* Möglichkeiten Ausschau halten.

Jedes Schlechte hat auch etwas Gutes.

Positives Problembewusstsein

Verstehen Sie deshalb Probleme nicht generell als eine *Bedrohung* (abgesehen von katastrophalen Ereignissen), sondern vorrangig als Herausforderungen und *Chancen*. Nehmen Sie alltägliche Probleme nicht als schicksalhafte Gegebenheiten hin, sondern akzeptieren Sie diese als natürliche und auf irgendeine Weise meist auch überwindbare Hindernisse auf dem Weg zum jeweiligen Ziel. Weichen Sie Problemen nicht ängstlich aus, sondern stellen Sie sich ihnen zuversichtlich und selbstbewusst. Folgende Regeln können Ihnen dabei behilflich sein:

- Komplexe Probleme durchschaubar und handhabbar machen
- Sich in erster Linie mit den Problemursachen befassen, statt nur die Problemauswirkungen zu beseitigen
- Keine blockierenden Vorbehalte hegen wegen des Lösungsaufwands oder eventuellen Misserfolgsrisikos
- Alle realistischen Lösungsmöglichkeiten in Betracht ziehen

- Die Lösungsansätze in konkrete Maßnahmen umsetzen und sich nachdrücklich für deren Zielerreichung engagieren

> **Erfolgreiches Meistern von Problemen erfordert Zuversicht und systematisches Vorgehen.**

Zielorientierte Vorgehensweise

Zielgerichtetes Handeln ist logischerweise nur mit einer klaren Zielvorstellung möglich. Ehe man ein Projekt in Angriff nimmt oder eine Arbeit beginnt, muss man sich darüber klar geworden sein, was man erreichen will. Selbstverständlich gilt das gleichermaßen für Problembearbeitungen.

Andernfalls kommt es zu mehr oder weniger planlosen Aktivitäten, bei denen es reine *Glückssache* ist, ob dabei etwas Zweckdienliches erreicht wird. Selbst wenn man es (beispielsweise bei einer Suche nach neuen Ideen) bewusst dem Zufall überlassen will, zu welchen Ergebnissen man kommt, liegt dem dennoch eine Zielsetzung zu Grunde: nämlich etwas Neuartiges zu entwickeln und dabei keinen alten Denkrichtungen zu folgen.

Nur wer ein klares Ziel vor Augen hat, wird einen geraden Weg gehen.

Allerdings ist dabei zwischen *Zielen* und *Wünschen* zu unterscheiden: Wünsche sind Formulierungen, die lediglich das Verlangen nach etwas widerspiegeln, von dem man meint, es könne einem die größtmögliche Zufriedenheit verschaffen. Sie zeichnen meist ein relativ *unscharfes* Bild einer erstrebenswerten Zukunft und dürfen durchaus *unrealistisch* sein.

Wünschen kann man sich alles Mögliche und auch *Unmögliche*. Man kann Zustände für richtig oder falsch halten auch ohne, dass diese überhaupt beeinflussbar sind. Beispielsweise kann man es sich wünschen, ewig zu leben. Nur wäre es sinnlos und oft sogar höchst nachteilig, seine *Lebens- und Handlungsstrategien* an einer derartigen Perspektive auszurichten.

Während Wünsche unerfüllbar sein können, müssen Ziele unter den zu erwartenden Bedingungen realisierbar sein.

Um echte, operationale Ziele handelt es sich nur dann, wenn sie die konkreten *Endergebnisse* beschreiben, die man erzielen will. Sie sind positiv, in der Wirklichkeitsform und möglichst messbar zu formulieren. Im Vergleich zu Wünschen setzen konkrete Zielsetzungen stärkere persönliche Energien frei, was naturgemäß die Erfolgschancen erhöht. Um sich zu maximalen Anstrengungen zu motivieren, muss ein Ziel allerdings reelle *Chancen der Verwirklichung* erkennen lassen.

Bei Problemlösungen mit Hilfe der im Folgenden beschriebenen Techniken und Instrumente ist es wichtig, diesen Grundsatz zu beherzigen und Ziele so konkret, präzise und unmissverständlich wie möglich zu formulieren. Das gilt insbesondere, wenn erarbeitete Lösungsvorschläge auch für *andere* nachvollziehbar sein sollen. Zum Beispiel für Entscheider oder Prüfer bei professionellen Problemlösungen in Unternehmen.

Bei komplexeren oder langwierigen Vorhaben kann es zweckmäßig sein, nicht nur das End- bzw. Gesamtziel *(Grobziel)* zu formulieren, sondern den Weg dorthin in einzelne Schritte zu gliedern, also auch Teilziele *(Feinziele)* zu benennen.

Außerdem kann es bei manchen Problemlösungen sinnvoll sein, nicht nur ein *Maximalziel* zu formulieren, sondern sich auch zu überlegen, was das *Minimalziel* ist. Man steckt dadurch den Entscheidungsspielraum für notfalls zu wählende Kompromisslösungen ab. Dabei ist zu beachten, dass je höher Sie sich das Minimalziel stecken, Sie sich umso mehr Ihre Entscheidungsflexibilität einschränken.

Daher ist bei Überlegungen zur Entscheidungsvorbereitung zwischen den nachstehend beschriebenen Zielarten zu unterscheiden. Gleiches gilt, wenn Sie ein Problem im Rahmen einer Besprechung bzw. Verhandlung gemeinsam mit anderen zu lösen haben.

1. **Absolute Ziele** *(Maximal- und Minimalziel)*

   Es sind Ziele, die einen genau definierten *Zielpunkt* beschreiben. Dabei ist das Maximalziel das unter den gegebenen Bedingungen bestmögliche, während das Minimalziel keinesfalls unterschritten werden darf, wenn ein Vorhaben noch als erfolgreich gelten soll. Im Interesse des Entscheidungsspielraums sollte man daher Minimalziele nicht unnötig hoch festsetzen.
2. **Relative Ziele** *(Ziele zwischen Minimum u. Maximum)*
   Hierbei handelt es sich um Ziele, die einerseits das Minimalziel übertreffen, aber immer noch nicht das Maximalziel erreichen.

Um sich einen realistischen Entscheidungs- bzw. Handlungsspielraum abzustecken, sollte man sich nicht nur ein Maximal-, sondern stets auch ein Minimalziel setzen.

Folgerichtiger Problemlösungsprozess

Alle systematisierenden Problemlösungsmethoden bauen auf folgenden vier Fragestellungen auf:

- „Was für ein Problem liegt vor?“
- „Wodurch kam es zu dem Problem?“
- „Wie lassen sich die Ursachen und Auswirkungen beseitigen?“
- „Waren die Lösungsmaßnahmen erfolgreich?“

Daraus resultiert folgendes Ablaufschema:

1. Phase: Problemerkennung

2. Phase: Problemanalyse

3. Phase: Ideenfindung

4. Phase: Entscheidungsvorbereitung

5. Phase: Entscheidung

6. Phase: Realisierung

7. Phase: Kontrolle

In den folgenden Kapiteln werden die einzelnen Phasen näher erläutert und entsprechende Techniken sowie Instrumente beschrieben. Dabei werden einige Checklisten und Formulare abgebildet, welche die praktische Anwendung der Techniken erleichtern.

Die Problemerkennung als erster Schritt

Es gibt Probleme, die vorhersehbar sind und solche, die sich erst während ihres Entstehens andeuten oder erst erkennbar sind, wenn der Problemfall bereits eingetreten ist und sich die Problemauswirkungen zeigen. Je *frühzeitiger* man erkennt, dass ein Problem auftreten könnte oder bereits besteht, desto bessere Chancen hat man,

- durch Gegenmaßnahmen das Eintreten des Problems doch noch zu verhindern,

- auf das Problem gefasst zu sein, um unverzüglich und mit optimaler Wirkung darauf reagieren zu können,
- durch Vorsorgemaßnahmen die Auswirkungen des Problems zu mildern beziehungsweise
- ein bereits entstandenes Problem anzugehen, ehe es sich ausweitet und weitere Folgeschäden entstehen.

Normalerweise offenbart sich ein Problem durch seine Auswirkungen. Dennoch wird die Problemerkennung manchmal erschwert, weil

- keine konkreten Vorstellungen von den anzustrebenden Zuständen existieren *(unklare Soll-Vorgaben),*
- die Problemauswirkungen relativ geringfügig und wenig auffällig sind *(tolerierbare Mängel),*
- sie sich nur allmählich einstellen und man sich im Lauf der Zeit an sie gewöhnt hat – sie schließlich als Normalität betrachtet werden *(Problemakzeptanz)* oder
- die Auswirkungen wegen Wunschdenkens oder unrealistischen Harmoniestrebens von den Betroffenen relativiert, verdrängt oder sogar ins Positive umgedeutet werden *(Realitätsverlust).*

Ohne Problemerkennung kann es zu keiner zielgerichteten Problembearbeitung kommen.

Problemanalyse als unverzichtbarer Erfolgsfaktor

Eine *optimale* Strategie zur Lösung eines Problems lässt sich nur auf der Grundlage einer sorgfältigen Problemanalyse entwerfen. Beim Analysieren wird das Problem in seine einzelnen Bestandteile *(Problemelemente)* zerlegt. Dadurch wird

- das Problem überschaubarer und transparenter,
- das Ausmaß des Problems sowie seine Wichtigkeit und Dringlichkeit verdeutlicht,

- die Problemursache nachvollziehbar und
- eine erfolgversprechende Richtung für die Lösungsbemühungen aufgezeigt.

Eine systematische Problemanalyse besteht aus drei Schritten, die sich aus drei grundlegenden Fragestellungen herleiten:

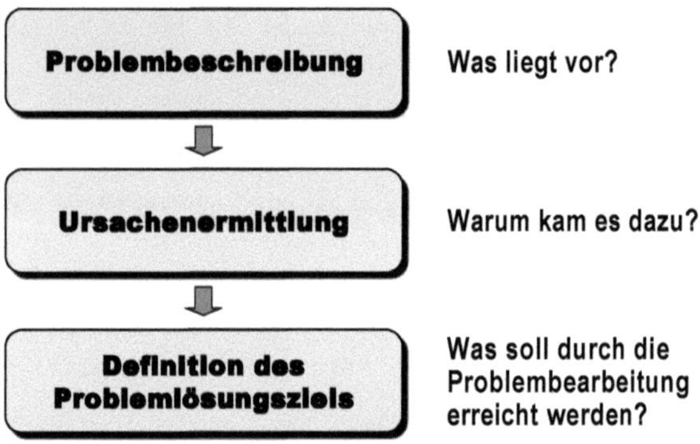

Der *bedeutsamste*, aber gleichzeitig *schwierigste* Schritt der Analyse ist die Ermittlung der Ursache(n) des Problems. Als Grundlage hierfür sind die Besonderheiten der gegebenen Problemsituation zu beschreiben. Es sind dazu die *Abweichungen* des Ist-Zustands von den Soll-Vorgaben, geltenden Normen oder üblichen Standards herauszufinden.

Bei besonders folgenschweren Problemen sollten Sie das *Beschreiben* durchaus wörtlich nehmen und die Situation tatsächlich schriftlich darstellen. Rein gedankliche Vorgänge sind oft sprunghaft, können durch ablenkende Wahrnehmungen gestört oder von Gefühlen überlagert werden. Sie zeichnen meist nur komplexe und unpräzise Gesamtbilder. Wenn Sie jedoch Ihre Gedanken niederschreiben, gehen Sie automatisch *disziplinierter* vor. Sie erkennen es dadurch eher, wenn Ihnen noch entscheidungsrelevante Informationen *fehlen* oder Ihre spontanen Überlegungen nicht *folgerichtig* waren. Handelt es sich um sehr komplexe Zusammenhänge, kann eine ergänzende bildhafte Grafik für die notwendige Transparenz und logische Strukturierung des Problems sorgen.

Ist das Problem erst einmal detailliert beschrieben, liegt die Lösung manchmal schon auf der Hand.

Kein verantwortungsbewusster Arzt wird einem Patienten ein Medikament oder eine Therapie verordnen, ehe er eine zuverlässig erscheinende *Diagnose* gestellt hat. Das Gleiche sollte für jede Entscheidung zum Lösen eines wie auch immer gearteten bedeutsamen Problems gelten. Erst die Analyse des Problems schafft Ihnen die Voraussetzungen dafür,

- dass Sie nicht vorschnell einen falschen Lösungsweg einschlagen,
- Sie optimale Lösungsmaßnahmen planen und
- nicht nur an den Auswirkungen des Problems basteln, sondern vor allem dessen Ursachen beheben.

Gefahr der Befangenheit

Die Erfahrungen, die wir lebenslang sammeln, sind ein wertvolles Kapital. Sie bilden unser Repertoire bewährter Handlungsmuster, die es uns ermöglichen, auf Probleme schnell zu reagieren. Sie können uns aber auch die Sicht auf die aktuellen Gegebenheiten *verstellen* und zu falschen Schlüssen verführen. Nur selten gleicht eine Problemsituation hundertprozentig einer anderen.

Meist weicht irgendein Situationselement von den früheren Gegebenheiten ab, was unter Umständen nicht erkannt oder als unerheblich abgetan wird. Doch gerade *dieses* eine Detail kann entscheidend sein!

Positive wie negative Erfahrungen aus früheren Problemfällen können mitunter zu falschen Rückschlüssen verleiten.

Sicherer Weg zur Ursachenerkennung

Jedem Problem ging einmal ein *problemloser* Zustand voraus, auch wenn man sich dessen manchmal nicht mehr erinnern kann und meint, das sei *schon immer so gewesen.* Die Problemursache ist daher immer in einer *Veränderung* zu suchen, die einen ehemals problemlosen Zustand zu einem problematischen machte. Unter *problemloser Zustand* ist dabei eine Situation zu verstehen, in der die Gegebenheiten mit den Soll-Vorstellungen noch in Übereinstimmung waren. Daher kann es es folgendermaßen zu einer Problemsituation kommen:

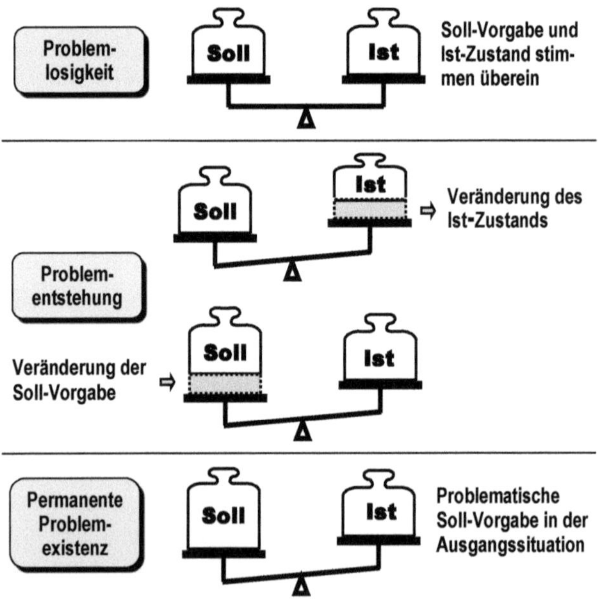

Bei der systematischen Ermittlung einer Problemursache ist daher zunächst herauszufinden, welche *Veränderung* es zum Zeitpunkt des *ersten* Auftretens des Problems gegeben hatte bzw. welche *neuen* Sachverhalte. Dabei dürfen auch keine geringfügig oder unbedeutend erscheinenden Änderungen unberücksichtigt bleiben. Nicht ohne Grund sagt man manchmal: *„Kleine Ursache – große Wirkung!"*

Die Ursache eines Problems ist stets eine Änderung mit unerwünschter Auswirkung.

Je länger allerdings eine Veränderung zurückliegt, desto schwieriger ist es in der Regel, deren genauen Zeitpunkt zu ermitteln. Immerhin aber wird sich meistens ein *ungefährer* Zeitraum eingrenzen lassen, innerhalb dessen das Problem erstmalig bemerkt wurde.

Eine ermittelte Ursache sollte zunächst dahingehend geprüft werden, ob sie tatsächlich für *alle* bemerkten Problemauswirkungen eine *plausible* Erklärung liefert. Auch sollte man sich dabei fragen, ob es die *alleinige* Ursache ist. Es kommt nämlich gar nicht so selten vor, dass eine problematische Situation durch mehrere voneinander unabhängige Ursachen hervorgerufen wurde.

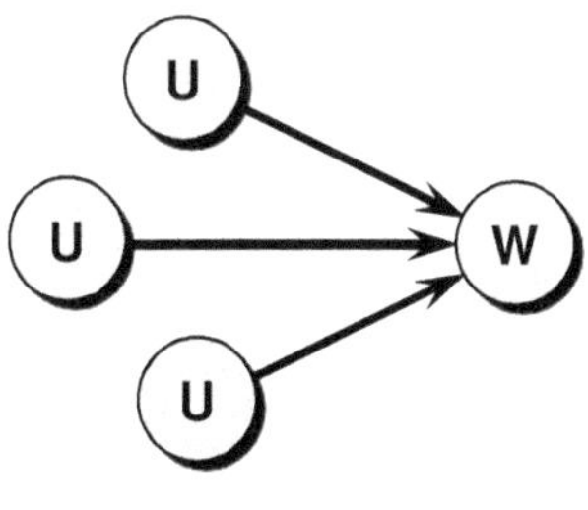

Ursachenbündel:
Mehrere Ursachen
mit einer gemeinsamen
Auswirkung

Dabei gibt es zwei unterschiedliche Wirkmechanismen: Manchmal führt erst das *Zusammentreffen* mehrerer anormaler Zustände zu einer Problemsituation, während die Einzelfaktoren für sich *alleine* relativ unproblematisch sind. Andererseits kann ein bereits vorhandenes Problem durch das Auftreten weiterer, völlig neuartiger Problemursachen potenziert werden.

Es gilt auch zu prüfen, ob sich eine erkannte Problemursache auf *mehrere* Bereiche ausgewirkt hat oder noch auswirken könnte. Denn das Beheben einer Problemursache muss nicht bedeuten, dass damit zwangsläufig alles wieder in Ordnung ist. Möglicherweise ist es zu anderweitigen bleibenden Schäden oder fortwirkenden Fehlentwicklungen gekommen, die es *ebenfalls* zu beseitigen gilt.

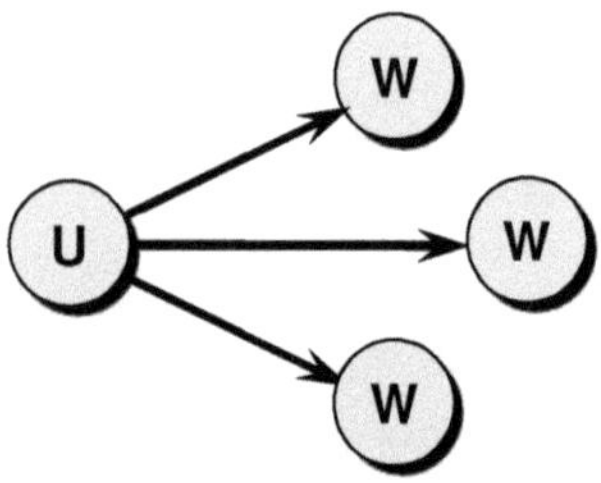

Wirkungsbündel: Eine gemeinsame Ursache mit mehreren Auswirkungen

Eine weitere Art der Problementwicklung ist, wenn eine Problemauswirkung zur Ursache eines *neuen*, möglicherweise völlig andersartigen Problems wird. Dieses kann wiederum Auswirkungen haben, die ein neues Problem auslösen und so weiter …

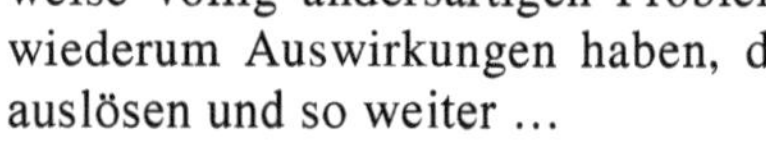

Ursachen-Wirkungen-Kette: Problemauswirkungen, die ihrerseits erneute Ursachen werden

Je länger sich eine solche Kette fortsetzt und die erstmalig auslösende Ursache zeitlich zurückliegt, desto größer wird die Gefahr, dass nur die letzte Problemauswirkung beachtet und deren *vordergründige* Ursache beseitigt wird. Logischerweise werden dann in der Folgezeit wieder die gleichen Problemauswirkungen auftreten.

Werden auch diese wieder als neues Problem gedeutet, kommt es zu einem *Dauerproblem*. In so manchen Firmen bestehen derartige Dauerprobleme und es werden die Mängel schließlich als unabänderlich angesehen – man lernt mit ihnen zu leben. Dabei ist niemals ein ernsthafter Versuch unternommen worden, der Sache *systematisch* auf den Grund zu gehen. Sei es aus vermeintlicher Zeitnot, Bequemlichkeit oder Unvermögen.

Oft wird viel Zeit, Energie und Geld vertan, weil Problemlösungsversuche unternommen werden, die auf falschen Ursachenannahmen beruhen. Die häufigsten Gründe derartiger Fehleinschätzungen sind

- Voreingenommenheit aufgrund gemachter Erfahrungen,
- unsystematisches Vorgehen wegen knapper Zeit oder Ungeduld oder
- unrealistische Problembewertung.

Die Zeitersparnis bei oberflächlicher Ursachenermittlung wird durch erfolglose Lösungsmaßnahmen später mehrfach draufgezahlt und das Problem möglicherweise auch noch verschlimmert.

Entwickeln von Lösungsideen

Das Entwickeln von Lösungsideen ist der kreative Teil eines Problemlösungsprozesses und von hoher Bedeutung für die Qualität der Problemlösung. Die wesentlichen Aspekte von Kreativität sind der *Neuigkeitswert* sowie die *Qualität* und *Quantität* der entwickelten Ideen. Was nicht ausschließt, dass neue Ideen auf einer Kombination oder Weiterentwicklung bekannter Elemente beruhen können.

Ein angrenzender, heute häufig verwendeter Begriff ist die *Innovation*. Kreativität bedeutet Ideen zu haben, Innovation hingegen etwas aus ihnen zu machen. Innovation zielt also auf den wirtschaftlichen oder sozialen *Nutzen* von Ideen.

Die Ideenvielfalt hängt sowohl von den jeweiligen Rahmenbedingungen als auch von der persönlichen Herangehensweise des Problemlösers und dessen individuellen Fähigkeiten ab. Hierzu sind vor allem folgende Faktoren zu nennen:

Interessiertheit	Interesse am Problem und an der Problembewältigung
Vorurteilsfreiheit	Aufgeschlossenheit gegenüber Neuartigem
Stressfreiheit	Spannungsfreie Problemlösungssituation
Assoziationsreize	Rationale oder emotionale Anregungen bzw. übertragbare Beispiele
Bildhaftigkeit	Bildhafte und farbige Darstellungen
Methodeneinsatz	Einsatz von geeigneten Kreativitätstechniken

Einige dieser Voraussetzungen lassen sich schon durch relativ einfache organisatorische Maßnahmen schaffen, andere setzen eine positive Grundhaltung, persönliches Engagement und Methodenkenntnisse voraus.

Manche menschlichen Verhaltensweisen und Befindlichkeiten können sich bei der Ideensuche kreativitätsmindernd auswirken. Das gilt sowohl für die individuelle Kreativität als auch für kreative Prozesse in Gruppen. Die Ursachen derartiger Hemmnisse können sein:

- Mangelnde Problemtransparenz
- Diffuse Zielvorstellungen
- Unstrukturierte Denkarbeit
- Denkblockaden
- Stressbedingte Hormonlage
- Negative Gehirnkonditionierung
- Einengende Erfahrungen, Gewohnheiten
- Lustlosigkeit, Desinteresse, Ablenkungen
- Allgemeine Antriebslosigkeit
- Grundsätzliche Arbeitshaltung

Hinzu kommt, dass ungünstige Umfeldbedingungen (zum Beispiel Ablenkungsreize) die Kreativität beeinträchtigen können.

Durch zweckdienliche Techniken und Verhaltensstrategien kann derartigen Hindernissen entgegengewirkt werden. In den vergangenen Jahrzehnten wurden etliche Methoden und Techniken entwickelt, mit denen man sich bei der Ideensuche in einen positiven emotionalen und rationalen Zustand versetzen kann. Sie können helfen, Kreativitätsbarrieren zu vermeiden bzw. vorhandene abzubauen.

Allerdings eignen sich die verschiedenen Ideenfindungstechniken nicht für jedes Problem gleichermaßen. Bei der Auswahl des geeignetsten Verfahrens sollten Sie daher folgende Überlegungen anstellen:

- Inwieweit passt die Zielrichtung der Methode zur Problemart, das heißt ist mit ihr der gewünschte Effekt zu erzielen?

- Sollen die Ideen in Einzelarbeit oder in einer Gruppe entwickelt werden?
- Kennen die Gruppenmitglieder die Methode bereits bzw. wie aufwendig wäre es, sie mit ihr vertraut zu machen?
- Können sich die Mitglieder der Problemlösungsgruppe treffen oder müssen sie räumlich getrennt arbeiten?
- In welchem Verhältnis steht der Zeit- und Methodenaufwand zur Bedeutung des Problems und zum erzielbaren Nutzen?

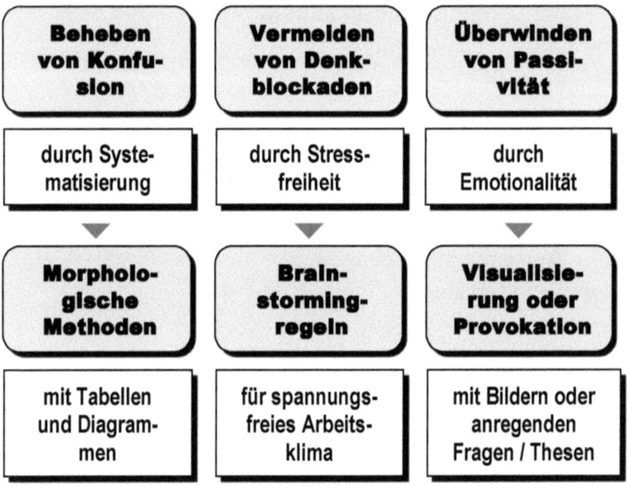

Techniken gegen Konfusion

Der Konfusion lässt sich entgegenwirken durch Strukturierung des Problems und Systematisierung der Ideensuche. Dazu verhilft vor allem, das Problem umfassend zu *beschreiben*. Wobei das bei schwierigen oder besonders komplexen Problemen *wörtlich* zu nehmen und die Situation schriftlich darzustellen ist. Die Schriftform zwingt zum disziplinierten Denken. Oft regt schon alleine das Niederschreiben zu Lösungsansätzen an.

Für Problemerläuterungen in Gruppen sind tabellarische oder bildhafte Darstellungen hilfreich. Sie können Beziehungen und Abläufe besonders gut verdeutlichen. Als Visualisierungsmedien bieten sich hierfür an:

- Flipchart
- Moderationswand mit Zubehör
- Overheadprojektor
- Laptop und Beamer
- Digitales Whiteboard

Für eine systematische und somit tatsächlich vorurteilsfreie Ideensuche eignen sich vor allem die sogenannten morphologischen Kreativitätstechniken. (Die *Morphologie* ist die Wisssenschaft der Formen und Gestalten.) Der Astrophysiker *Fritz Zwicky* hat hierzu eine Methodik entwickelt, die es ermöglicht auf systematische Weise *alle denkbaren* Lösungen eines Problems zu erfassen.

Deren Grundprinzip ist, dass der Ideenfindungsprozess in zwei völlig unabhängigen Schritten abläuft:

1. *Analytische Phase*
   Zerlegen des Problemgegenstands in seine Elemente *(Parameter)* und Suche nach separaten Teillösungen
2. *Synthetische Phase*
   Systematische Kombination sämtlicher Teillösungen

Eine bildhafte Darstellung des Zwickyschen Methodenmodells ist der sogenannte *Morphologische Kasten,* der die Systematik morphologischer Ideenentwicklungen veranschaulicht. Die nachstehende Grafik zeigt einen derartigen Kasten am Beispiel des Entwerfens einer neuartigen Verpackung für ein Parfüm. Das Gesamtproblem *Neue Verpackung* ist hierbei in die drei Parameter *Form, Größe* und *Material* zerlegt. Da für jeden der Parameter fünf Gestaltungsvarianten vorgesehen wurden, beinhaltet der Kasten insgesamt 5 x 5 x 5 = 125 verschiedene Gesamtlösungen!

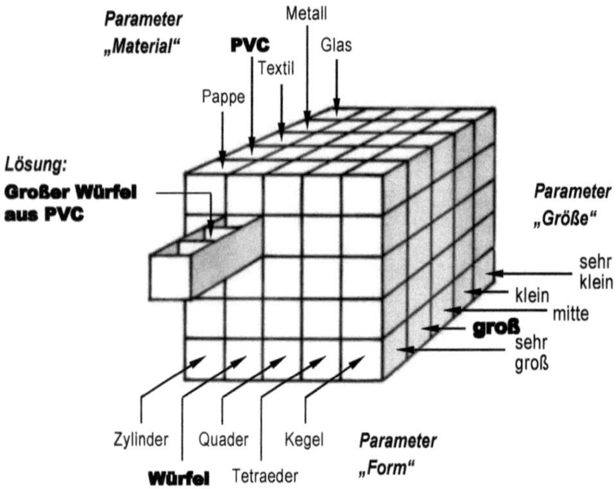

Zieht man beispielsweise an der Vorderfront des Kastens eine beliebige „Schublade“ aus der zweiten senkrechten Reihe auf, so beinhalten alle Fächer einen *Würfel*. Sieht man von oben her in die Fächer der von vorne gerechnet zweiten Schubfächerreihe, so enthalten alle Fächer Verpackungen aus *PVC*. Zieht man nach rechts eine der Schubladen der zweiten senkrechten Reihe auf, so enthalten alle Fächer *große* Verpackungen. Das Fach im Schnittpunkt dieser drei Fächerreihen beinhaltet somit als Lösungsmöglichkeit einen *großen Würfel aus PVC*.

Indem man zusätzliche Parameter (zum Beispiel *Farbe*) einführt und zu den Parametern weitere Gestaltungsvarianten entwirft könnte man die Zahl der Gesamtlösungen nahezu grenzenlos vervielfachen. Voraussetzung ist, dass es sich um voneinander logisch *unabhängig* gestaltbare Parameter handelt. Sie dürfen sich nicht wechselseitig bedingen und müssen auf alle theoretisch möglichen Lösungen zutreffen.

Mit morphologischen Methoden lassen sich nahezu alle

Fragestellungen bearbeiten. Da das Problem ohnehin in seine Elemente zerlegt wird und sehr viele Informationen in verdichteter Form einfließen können, eignen sich diese Methoden auch für sehr komplexe Probleme.

Die systematische Vorgehensweise minimiert die Gefahr, nützliche Lösungskombinationen voreilig oder wegen Voreingenommenheit unberücksichtigt zu lassen. Dieses Vorzugs wegen wird die morphologische Vorgehensweise vielfach in der Forschung eingesetzt und wird dort auch als *Strukturierte Forschung* bezeichnet.

Allerdings können morphologische Ideensuchen zu einer unüberschaubaren und eventuell nicht mehr handhabbaren Vielzahl von Kombinationen bzw. Gesamtlösungen führen. Schon das in der Abbildung des Morphologischen Kastens dargestellte relativ einfache, wenigdimensionale Gestaltungsbeispiel erbrachte immerhin 125 Lösungsmöglichkeiten, aus denen dann die geeignetste auszuwählen wäre. Dadurch kann sich statt eines Mangels an Ideen, das Problem einer schwierigen Auswahlentscheidung ergeben.

Diesem Nachteil kann man dadurch begegnen, indem man vor der endgültigen Auswahlentscheidung zunächst alle Alternativen aussondert, die *unzweifelhaft* absolut nicht realisierbar sind oder aus anderen wohlüberlegten Gründen unberücksichtigt bleiben *sollen*. Doch ist bei einem solchen Schritt Vorsicht geboten: Es besteht die Gefahr, Alternativen als nicht umsetzbar zu verwerfen, die sich bei intensiven Überlegungen (und vielleicht auch durch eine gewisse Modifizierung) als sehr wohl realisierbar herausstellen und besonders interessante Lösungen ergeben hätten!

Nachstehend ist als Anschauungsbeispiel das Konzipieren eines neuen Werbeprospekts gezeigt. Hierbei mit Hilfe einer tabellarischen Darstellungstechnik.

Morphologische Tabelle		Entwurfskonzept für einen Werbeprospekt											
Parameter	**Lösungsansätze**	**Durch Kombinationen darstellbare Gesamtlösungen**											
		1	2	3	4	5	6	7	8	9	10	11	12
Prospektart	Einzelblatt	X	X	X	X	X	X	X	X				
	Faltblatt									X	X	X	X
	Heft												
Format	Rechteck	X	X							X	X		
	Kreis			X	X							X	X
	Quadrat					X	X						
	Sechseck							X	X				
Druckfarben	Schw.-Weiß	X		X		X		X		X		X	
	Vierfarben		X		X		X		X		X		X
	Realisierbare Lösungen	X	X	X	X	X	X	X	X	X	X		
	Ausschluss-Kriterien	Rundes Faltblatt oder Heft ist wegen fehlenden Falz- bzw. Heftrands nicht herstellbar!											

Bei Ideenfindungen, die nur eine bevorzugte Problemlösung darstellen sollen, ist hierfür das nachstehende Morphologische Diagramm eine besonders anschauliche Darstellungsart.

Die Zahl der Lösungen reduziert sich dabei, indem man sich auf die als am sinnvollsten erscheinenden Parameter und Lösungsansätze beschränkt. Ein Diagramm bietet sich auch an, wenn man es als Vorlage für weitere ähnliche Planungen wiederverwenden will. Dazu genügt es, lediglich ein oder mehrere Parameter zu verändern oder neue hinzuzufügen.

Im folgenden Beispiel muss der Schriftsteller für ein komplettes Manuskript nur noch die einzelnen Elemente in eine durchgängige Handlung einbetten und mit Details anreichern. Hat er sich später als Autor einer Romanreihe kontinuierlich neue Fälle auszudenken, kann er sich durch Veränderung einzelner Parameter mit der Vorlage im Handumdrehen weitere Romankonzepte entwerfen.

Morphologisches Diagramm	Exposee für einen neuen Kriminalroman	11.11.21	Blatt 1

Parameter	**Lösungsansätze**								
Titelheld(in)	Journalist	Kriminalrat	Playboy	Sportler	Seminarteilnehmer	Oberst a.D.	Sekretärin	Filmstar	Hotelpage
Mordopfer	Reiche Ehefrau	Oberkellner	Schlagersänger	Teures Rennpferd	Obdachloser	Betriebsratsvorsitzender	Spion	Vorgesetzter	Chefarzt
Todesursache	Herzschlag	Schussverletzung	Messerstich	Nicht feststellbar	Erzwungener Selbstmord	Sturz vom Balkon	Vergiften	Vorgetäuschter Unfall	Erwürgen
Ort d. Handlung	Hamburger Hafen	Pariser Nachtclub	Betriebskantine	Altersheim	Golfplatz	Insel Sylt	Urwald	Berliner Alexanderplatz	Berghütte
Mörder(in)	Gärtner	Erzbischof	Tante Hedwig	Mafiaboss	Bezahlter Killer	Hausmeister	Finanzbeamter	Titelheld selber	Zwillingsbrüder
Motiv	Geldgier	Blutrausch	Eifersucht	Verschmähte Liebe	Karrieresucht	Mitwisserbeseitigg.	Geisteskrankheit	Lautes Hundegebell	Versehen
Grund der Aufklärung	Selbstgepräch im Schlaf	Zufall	Kombinationsgabe	Selbstanzeige	Schleifspur im Garten	Keine Aufklärung	Fingerabdruck am Nudelholz	göttliche Eingebung	Belastendes Dokument

Da es im Beispiel zu den 7 Parametern je 10 Lösungsansätze gibt, liefert das Diagramm 10^7 = 10.000.000 theoretische Romanhandlungen!

Ein Morphologisches Diagramm bietet gleichzeitig einen guten Überblick über die Problembearbeitungsdetails und kann somit bei den späteren Realisierungsmaßnahmen auch als übersichtliche *Arbeitsunterlage* dienen.

Techniken gegen Denkblockaden

Jeglicher Zwang beeinträchtigt die freie Entfaltung kreativer Gedanken. Dazu gehören belastenden Einflüsse folgender Art:

- Zeitmangel bzw. Terminnöte
- Störungen bzw. Ablenkungen
- Überforderungen und Versagensängste
- Kritik, Vorwürfe oder Drohungen

Derartige Zwänge lösen unseren natürlichen Stressmechanismus aus. Er bewirkt eine Hormonlage, die unter anderem das Denken behindert und sogar zu totalen Denkblockaden führen kann. Persönliches *Wohlbefinden* hingegen hilft derartige Blockaden zu vermeiden. Daher sollten Sie sich für das Entwickeln neuer Ideen folgende Bedingungen schaffen:

- Kein unnötiger Erfolgs- oder Zeitdruck
- Zeitraum, innerhalb dessen am wenigsten mit Störungen zu rechnen ist und keine Zeiträume besonders hoher Arbeitsbelastung
- Störungsfreier Arbeitsraum (kein Lärm, keine Anrufe oder Besucher)
- Behagliche Raumbedingungen (Beleuchtung, Klima, Bestuhlung)
- Erfrischungsgetränke und energiespendende Snacks

Selbstverständlich gelten diese Regeln auch, wenn Sie zusammen mit anderen in einer Gruppe neue Ideen erarbeiten wollen.

Denkblockaden entstehen oft auch durch *Voreingenommenheit.* Zwar liefern uns gemachte Erfahrungen und erlerntes Wissen wichtige Anregungen für neue Ideen, können uns aber auch den Blick für Neues verstellen. Hat man mit bestimmten Lösungen des Öfteren gute Erfahrungen gemacht, wird es zunehmend unvorstellbar, ohne zwingenden Grund von bewährten Optionen abzuweichen.

Insbesondere in Gruppen verwerfen wir spontane Ideen oftmals auch aus Angst vor Blamage schon ehe wir sie gedanklich vertieft haben und schweigen lieber. Gerade das aber ist manchmal der Grund, warum es nicht zu neuen und originellen Lösungen kommt.

Kreativität gedeiht nur im zwangfreien Raum.

Effekte und Methodik des Brainstormings

Für Ideenfindungsprozesse in Gruppen hat sich deshalb die Technik des *Brainstormings* besonders bewährt. Die Regeln ermutigen die Beteiligten, ihre inneren Vorbehalte zu überwinden und ihre Ideen spontan sowie unbefangen zu äußern. Darüber hinaus begünstigen sie es, sich gegenseitig zu neuen Ideen oder zum Weiterentwickeln bereits geäußerter anzuregen.

Die Methode des Brainstormings eignet sich besonders zur Lösung von Problemstellungen, die nicht sehr komplex und deshalb klar zu definieren sind. Sollen sehr vielgestaltige Probleme dennoch mit Hilfe der Methodik des Brainstormings bearbeitet werden, sollte man sie in Teilprobleme gliedern und diese in mehreren Sitzungen behandeln.

Das Einhalten der Regeln vorausgesetzt hat eine Brainstorming-Sitzung gleich zweierlei kreativitätssteigernde Effekte:

1. *Vermeiden von Denkblockaden*
   Die Teilnehmer werden zu spontanen Ideenäußerungen ohne hemmende Rechtfertigungen ermutigt und blockierende kritische Bewertungen unterbleiben.
2. *Motivation der Teilnehmer*
   Durch Assoziationen regen sie sich gegenseitig zu neuen oder weiterführenden Gedanken an und es entwickelt sich eine motivierende Gruppendynamik.

Als Stärken der Methode sind zu nennen:

- Innerhalb kurzer Zeit große Ideenmenge
- Chancen für besonders neuartige und originelle Ideen
- Nur geringe Methodenkenntnisse und Übung der Teilnehmer erforderlich
- Geringer Materialaufwand
- Stärkung des Gruppenbewusstseins

Die Schwächen der Methode sind:

- Für komplexere Probleme weniger gut geeignet
- Besonderer Moderator sowie ggf. auch ein Schriftführer erforderlich
- Teilnehmer können durch dominantes Verhalten anderer frustriert werden, sodass sich der positive Effekt der Gruppendynamik ins Gegenteil kehren kann

Heutzutage werden auch herkömmliche Problemlösungsbesprechungen gerne als Brainstorming bezeichnet. Für manchen, der „in“ sein möchte, steht der Begriff für jede Art von Ideenaustausch in Gruppen. Wenn es sich jedoch um eine *echte Brainstormingsitzung* handeln soll, muss sie von einem versierten Moderator geleitet werden, der es sicherstellt, dass die besonderen Verfahrensregeln unbedingt eingehalten werden.

Damit sich der Moderator auf seine ordnenden Aufgaben konzentrieren kann, ist es empfehlenswert, ihn durch einen *Schriftführer* unterstützen zu lassen. Dessen Aufgabe ist, die Beiträge mit gut lesbarer Schrift anzuschreiben (beispielweise an ein Flipchart). Gleichzeitig kann er dem Moderator als eine Art Zwischenspeicher helfen, wenn viele schnell aufeinander folgende Ideen geäußert werden.

Regeln für Brainstorming-Sitzungen

Im Interesse der Effizienz hat der Moderator dafür zu sorgen, dass die Ideensammlung gemäß den nachstehenden Grundregeln abläuft.

1. *Problem als konkrete Frage formulieren*
   Dabei ist es empfehlenswert, das Problem nicht nur verbal zu nennen, sondern es auch zu visualisieren und die Teilnehmer aufzufordern, zunächst Verständnisfragen zu stellen, sofern ihnen etwas unklar ist.
2. *Spontanität geht vor Gewissenhaftigkeit*
   Die Teilnehmer sind aufzufordern, ihre Gedanken unverzüglich und ohne jegliche Hemmungen auszusprechen, ohne dass sie diese näher erläutern oder begründen.

   Kommentare oder Fachdiskussionen, die den Ideenfluss unterbrechen, sollen unterbleiben. In diesem Sinn sollten selbst Rechtschreibfehler bei der Visualisierung unkommentiert bleiben. Auch sind die Visualisierungsmaterialien gut vorzubereiten, sodass es später zu keinen organisatorischen Unterbrechungen kommen kann.
3. *Quantität geht vor Qualität*
   Es müssen alle Ideen akzeptiert und gut lesbar angeschrieben werden, auch wenn es sich um Wiederholungen oder eventuelle Themenabweichungen handelt. Je mehr Ideen geäußert werden, desto mehr Assoziationsmöglichkeiten werden geschaffen und umso ausge-

fallener werden die Beiträge. Ist ein Blatt vollgeschrieben, ist es unverzüglich gut sichtbar aufzuhängen, damit die bisherigen Beiträge weiterhin zu neuen Gedankenflüssen anregen können.

4. *Originalität geht vor Logik*
   Damit möglichst viele unübliche Gedankenketten aufgebaut und neuartige Lösungen gefunden werden, müssen logische Einschränkungen unterbleiben. Auch zunächst unsinnig erscheinende Ideen können zu nützlichen Weiterentwicklungen anregen!

5. *Jegliches Bewerten ist untersagt*
   Insbesondere negative Kritik ist strikt zu unterbinden, da sie Befürchtungen aufkommen lässt, sich zu blamieren. Gerade derartige Denkblockaden soll ja das Brainstorming verhindern helfen!

   Auch Bemerkungen wie: „Das hatten wir schon!“, sind eine indirekte Kritik. Selbst nonverbale Abwertungen, wie Kopfschütteln oder missbilligendes Mienenspiel, sollen unterbleiben. Anerkennendes Lachen kann zwar beflügeln – schallendes Gelächter kann jedoch dazu führen, dass die Teilnehmer sich dann nur noch mit witzigen Beiträgen zu übertreffen suchen.

6. *An die Ideen anderer anknüpfen lassen*
   Das Weiterführen oder Verfremden vorangegangener Beiträge ist kein Ideenklau, sondern ausgesprochen erwünscht. Vielmehr sollen die Teilnehmer durch die angeschriebenen Ideen sogar zu deren gedanklicher Weiterentwicklung und zum Herstellen neuer Zusammenhänge angeregt werden.

7. *Prozess in Gang halten und notfalls neu anregen*
   Um den Prozess anzuregen, ist es nützlich, wenn der Moderator die einzelnen Zurufe noch einmal deutlich wiederholt, wodurch er gleichzeitig dem Schriftführer die Arbeit erleichtert. Kommt es zwischenzeitlich zu einem Versiegen des Ideenflusses, kann es anregend wirken, wenn der Moderator die Fragestellung sowie die bisherigen Ideen noch einmal vorliest. Auch kann

er in solchen Phasen selbst die eine oder andere weiterführende Idee einbringen, sollte sich aber insgesamt eher zurückhalten, um nicht zu dominieren.

Des zügigen Ablaufs wegen sollte die Einstiegsfrage so formuliert sein, dass sie sich mit nur einem oder einigen wenigen Stichworten beantworten lässt. Handelt es sich um ein komplexeres Problem, sollte man es besser in Einzelfragen aufteilen.

8. *Optimale logistische Voraussetzungen schaffen*
Die anzustrebende Gruppengröße liegt zwischen 5 und 10 Personen. Bei weniger Beteiligten erschöpft sich der Ideenfluss zu schnell. Ist der Teilnehmerkreis jedoch sehr groß, scheuen sich manche, aus der Anonymität der Gruppe herauszutreten und sich einzubringen oder stören möglicherweise durch Nebengespräche.

Die Teilnehmergruppe sollte möglichst aus einer Kombination von interdisziplinären Fachleuten und unvoreingenommenen Laien bestehen. Hierarchische Rangunterschiede oder sonstige persönliche Abhängigkeiten in der Gruppe sollten möglichst vermieden sein, da sie andernfalls den unbefangenen Gedankenaustausch beeinträchtigen können.

Die Dauer sollte je nach Thematik und Übungsgrad der Teilnehmer etwa 15 bis 45 Minuten betragen. Je öfter Teilnehmer an Brainstormings mitgewirkt haben, desto unbefangener und ideenreicher bringen sie sich erfahrungsgemäß ein. Deshalb sollte man sich auch bei weniger schwerwiegenden Problemen immer wieder mal zu einem spontanen Brainstorming zusammenzusetzen.

Auswerten der Sitzungsergebnisse

Die Auswertung bzw. Bewertung der Ergebnisse erfolgt erst im Anschluss an die eigentliche Brainstorming-Sitzung und dient bereits der Entscheidungsvorbereitung.

Sie kann auch in einer gesonderten Sitzung geschehen oder einem anderen, fachkundigeren Gremium übertragen werden. Dabei können beispielsweise folgende Fragestellungen behandelt werden:

- „Was ist so ähnlich?"
- „Was lässt sich verändern?"
- „Was kann hinzugefügt werden?"
- „Was kann durch etwas anderes ersetzt werden?"
- „Was kann gegeneinander vertauscht werden?"
- „Was ist ins Gegenteil umkehrbar?"
- „Was lässt sich kombinieren?"
- „Wo bzw. wozu kann eine Idee anderweitig genutzt werden?"
- „Welche Ideen erfüllen bestimmte Anforderungen nicht und scheiden daher aus?"

Das Zettelprotokoll

Eine Modifizierung des klassischen Brainstormings ist das sogenannte *Zettelprotokoll*. Seine Besonderheit ist, dass die Ideen der Sitzungsteilnehmer nicht von einem Schriftführer notiert, sondern von den jeweiligen Urhebern selbst niedergeschrieben werden. Zweckmäßigerweise verwendet man dazu Stichwortkarten, wie sie zu Moderationstechniken bei allgemeinen Sitzungen und Lehrveranstaltungen üblich sind. Dort wird diese Technik auch als *Kartenabfrage* bezeichnet. Die von den Teilnehmern beschrifteten Karten werden vom Moderator für alle sichtbar an einer Moderationswand *(Pinnwand)* befestigt, um zu Assoziationen anzuregen. Dabei sind zwei Vorgehensweisen möglich:

a) Der Moderator nimmt die Karten sofort einzeln entgegen, liest den Text vor und heftet sie unverzüglich an.

b) Er heftet die Karten erst an, nachdem alle Teilnehmer ihre Ideen notiert und ihm sämtliche Karten ausgehändigt hatten.

In Entscheidungsgruppen lässt sich die Bewertung der Ideen beschleunigen und objektivieren, indem die Teilnehmer die einzelnen Ideen nicht diskutierend bewerten, sondern mittels Klebepunkten, die sie auf den von ihnen jeweils favorisierten Karten anbringen. Das reduziert gegenseitige Beeinflussungen und erspart zeitaufwendige sowie mitunter konfliktreiche Diskussionen.

Techniken gegen Passivität

Je anschaulicher und ergebnisbezogener sich das zu lösende Problem darstellt, desto eher wird man angeregt, aktiv mitzuwirken. Insbesondere in Gruppenprozessen sollten daher

- die Ausgangslage und das Lösungsziel klar und eindeutig beschrieben sein,
- komplexere Zusammenhänge durch Grafiken oder Tabellen verständlich gemacht werden,
- sollte der persönliche Nutzen für die Beteiligten erkennbar sein und
- bei schwerwiegenden Problemen die Konsequenz einer ausbleibenden oder unzureichenden Problemlösung aufgezeigt werden.

Insbesondere bei sehr zurückhaltenden Gruppenmitgliedern können bestimmte Fragetechniken dazu verhelfen, diese zur Mitwirkung zu ermutigen. Fragen haben eine besonders aktivierende Wirkung ohne – im Gegensatz zu Behauptungen – das Risiko, ablehnende Haltungen zu wecken.

Bei besonders passiven Gruppen kann es sogar angebracht sein, sie durch provozierende Fragestellungen oder eine völlig abwegig erscheinende These bewusst herauszufordern und so den trägen Gedankenfluss zu beleben. Eine weitere Variante ist, die Beteiligten durch Fragen anzuregen, die problematische Situation sogar einmal aus einer völlig ungewohnten Perspektive zu betrachten.

Entscheidungsfähigkeit und Entscheidungstechniken

Voraussetzungen einer echten Entscheidung

Sich zu entscheiden bedeutet, zwischen mehreren Möglichkeiten zum Erreichen eines Ziels zu wählen. Von einer *echten* Entscheidungssituation kann man daher nur unter folgenden Voraussetzungen sprechen:

- Es stehen mehrere echte Alternativen zur Auswahl.
- Die Auswahl wird getroffen, ehe die Auswahlmöglichkeiten durch eingetretene Ereignisse genommen sind.
- Die getroffene Entscheidung kann nicht oder nur unter Verlust von Zeit, Geld oder Sachressourcen rückgängig gemacht werden.
- Es besteht die ernsthafte Absicht, Realisierungsmaßnahmen folgen zu lassen.

> **Eine echte Entscheidung ist die rechtzeitige und endgültige Wahl des Wegs, auf dem man etwas erreichen will.**

Allgegenwärtiger Entscheidungszwang

In allen erdenklichen Lebenssituationen werden wir gezwungen, Entscheidungen zu treffen, wenn wir unser Schicksal selbst in die Hand nehmen wollen. Andernfalls überlassen wir die Oberhoheit über unser Leben anderen oder lassen uns von fremdbestimmten Ereignissen treiben. Das gilt für das Privatleben und den Beruf gleichermaßen.

Was den Beruf anbelangt, so ist man immer dann in besonderem Maß als Entscheider gefordert, wenn einem eine Position als Führungskraft übertragen ist. Man hat dann fortwährend Entscheidungen für die Arbeitsorganisation im eigenen Führungsbereich zu reffen und muss unter Umständen sogar bei wichtigen unternehmerischen Vorhaben verantwortlich mitwirken. Außerdem muss man beim Umgang mit seinen Mitarbeitern den jeweiligen situativen Gegebenheiten Rechnung tragen und mitunter gravierende personelle Entscheidungen treffen. Damit übernimmt man letztlich auch Verantwortung für die Befindlichkeit und berufliche Entwicklung von Menschen.

Zu Recht wird mangelnde Entscheidungsfähigkeit als eine der gravierendsten Führungsschwächen angesehen.

Besonders hohe Entscheidungsverantwortung ergibt sich vor allem in Situationen mit

- hohen Risiken,
- sofortigem Handlungsbedarf,
- unabwägbaren Zukunftsaussichten,
- Uneinigkeit in der Mitarbeitergruppe,
- allgemeiner Unentschlossenheit,
- unzureichender Sachkenntnis der Mitarbeiter,
- fehlenden oder unklaren Befugnissen.

Daher gehört es zu den wichtigsten Eigenschaften einer starken Führungspersönlichkeit, dass sie

- die Sensibilität und den Sachverstand aufbringt, auftretende Probleme zu erkennen,
- die Tatkraft besitzt, diese aufzugreifen sowie
- den Mut hat, sich für einen Lösungsweg zu entscheiden.

> **Auch in demokratisch geführten Unternehmen oder Teams wird von einer Führungskraft erwartet, dass sie sich bei Problemen ihrer Verantwortung stellt und notfalls auch eine Alleinentscheidung fällt.**

Typische Entscheidungsmängel

Sieht man von Routineentscheidungen ab, die auf vorsorglich getroffenen Regelungen beruhen, ist stets ein *Mensch* der jeweilige Entscheidungsträger und gleichzeitig die kritischste Schwachstelle.

Wegen menschlicher Gefühle oder Inkompetenzen kommt es immer wieder vor, dass

- Entscheider trotz ihres mangelnden Sachverstands fragwürdige Alleinentscheidungen treffen,
- Verantwortungsträger sorglos oder rein gefühlsbedingt entscheiden,
- Entscheidungsgremien die von Fachleuten mit viel Fleiß und Sachverstand erarbeiteten Lösungsvorschläge in endlosen Debatten wieder zerreden,
- trotz sachkundiger Entscheidungsvorbereitung die endgültigen Beschlüsse zu lange hinausgeschoben werden oder
- es wegen mangelnder Entschlussfähigkeit der Verantwortlichen überhaupt nicht zu einer Entscheidung kommt oder nur zu halbherzigen Absichtserklärungen.

Unterbewusstsein und Entscheidungsverhalten

Wie die moderne Gehirnforschung erkannt und mittlerweile dank der Kernspintomografie auch hat nachweisen können, treffen wir weit häufiger unbewusste und emotional geprägte Entscheidungen, als schon früher vermutet wurde. Auch wenn wir es nicht wahrhaben wollen:

Wir treffen oft blitzschnell im Unterbewusstsein eine *gefühlsmäßige* Entscheidung und erst danach konstruiert uns unser Verstand eine *logische Begründung.* Später sind wir dann davon überzeugt, uns rein „vernunftgemäß" nach bestem Wissen und Gewissen entschieden zu haben.

Beispielsweise trifft unser Gehirn etwa 70 Prozent aller Kaufentscheidungen unbewusst!

Zur Erklärung dieses emotionalen Entscheidungsverhaltens hier einige neurobiologische Zusammenhänge. Die Informationsverarbeitung in unserem Gehirn erfolgt in folgenden Schritten.

1. *Das limbische System*
   Durch unsere Sinnesorgane aufgenommene Informationen gelangen als elektrische Nervenimpulse zunächst über das *Stammhirn* in das *limbische System.* Es ist derjenige Gehirnbereich, der die Gefühle beherbergt, dem also unser emotionales Erleben entspringt. Am dessen Eingang befindet sich der sogenannte *Mandelkern (Amygdala).* Dieses Gehirnareal ist die Kontrollinstanz, die entscheidet, welchen emotionalen Wert die Informationen erhalten – ob sie mit positiven oder negativen Gefühlen besetzt werden. Erst mit diesen Bewertungen versehen werden sie an das *Großhirn* zur rationalen Verarbeitung weitergeleitet.
2. *Das Großhirn*
   Das Großhirn ist für unsere Intelligenz und die rationale Verarbeitung von Informationen verantwortlich. Im vorderen Bereich der *Großhirnrinde* befinden sich die *Stirnhirnlappen,* in denen unter anderem unsere persönlichen Grundeinstellungen und ethischen Werte gespeichert sind. Diese Grundsätze sind dafür maßgebend, welche Denkrichtungen und Reaktionen empfangene Informationen auslösen. Das Stirnhirn stellt somit ein Korrektursystem dar.

3. Zusammenwirken der Gehirnareale

Auch haben Experimente gezeigt, dass Nervenimpulse, die uns zu bestimmten Aktivitäten veranlassen sollen, bis zu einer halbe Sekunde früher in den unbewussten Hirnregionen auftreten als es zu bewussten Denkvorgängen kommt. Stets werden zunächst *unbewusste* Reaktionen ausgelöst ehe das rationale Denken einsetzt. Einerseits wird unser Denken durch Gefühle beeinflusst, andererseits wirkt unser Verstand regulierend auf unsere Gefühle ein.

Limbisches System und Großhirn funktionieren somit in einem steten Wechselspiel.

Hormonelle Vorgänge

Wichtig für die Erklärung unseres Entscheidungsverhaltens ist auch, dass emotional *positiv* besetzte Informationen vom Großhirn nachweisbar besonders bereitwillig aufgenommen und verarbeitet werden. Hingegen werden *negativ* besetzte möglicherweise völlig ausgeblendet und im Gedächtnis nicht gespeichert. Hierbei spielen einige chemische Vorgänge eine wichtige Rolle. Die Wissenschaft hat mittlerweile herausgefunden, dass bei *angenehm* empfundenen Informationen oder Erlebnissen opiumähnliche Botenstoffe (sogenannte *Glückshormone*) im Körper freigesetzt werden, die Lust auf erneute gleichartige Erlebnisse auslösen.

Andererseits weiß man seit langem, dass unter Stress sogenannte Stresshormone (zum Beispiel *Adrenalin*) in den Blutkreislauf gelangen und uns in eine Abwehrhaltung bringen oder dadurch sogar Denkblockaden verursachen.

Emotionalität von Entscheidungen

Wie die vorstehenden Ausführungen deutlich machen, handeln Menschen nie *ohne* jegliche Emotionen. Demzufolge gibt es auch keine *absolut* rationalen und objektiven Entscheidungen und kann es auch keine einzig „richtige" geben. Vielmehr sind Entscheidungen stets von individuellen Wertvorstellungen und Erfahrungen geprägt und spielen dabei meist auch situationsbedingte Gefühle des Entscheiders eine starke Rolle.

Wer optimale Entscheidungsergebnisse erzielen will, sollte sich derartiger Einflussfaktoren stets bewusst sein und sie bei seinen Überlegungen in Rechnung stellen.

Voraussetzungen der Entscheidungsfähigkeit

Zur Fähigkeit, Entscheidungen zu treffen, gehören zwei grundlegende Persönlichkeitseigenschaften:

1. *Entscheidungssicherheit*
   Sie wird auf rationale Weise gewonnen und ist ein durch Lebenserfahrungen oder bewusstes Lernen erworbenes Urteilsvermögen.
2. *Entschlussfreudigkeit*
   Diese beruht hingegen überwiegend auf emotionalen Voraussetzungen. Sie erwächst aus einem positiven Selbstwertgefühl, einer aktiven und optimistischen Grundeinstellung sowie einer motivierenden Bedürfnislage.

Beide Faktoren, Entscheidungssicherheit und Entschlussfreudigkeit beeinflussen sich gegenseitig: Wachsende Entscheidungssicherheit auf Grund erworbener Kenntnisse und Erfahrungen sowie die daraus resultierenden richtigen – oder besser gesagt – erfolgreichen Entscheidungen stimmen *zuversichtlich*. Sie mindern die Scheu vor Entscheidungsrisiken und stärken somit die Entschlussfreudigkeit. Diese wiederum führt dazu, auch schwierigen Entscheidungen nicht auszuweichen, sondern sich ihnen tatkräftig zu stellen.

Somit wird das Entscheiden *häufiger trainiert* und werden auf Grund der Ergebnisse neue Erkenntnisse gewonnen – was wiederum als Rückkopplungseffekt die Entscheidungssicherheit steigert. Beispielsweise spielen dabei folgende Persönlichkeitseigenschaften eine wichtige Rolle:

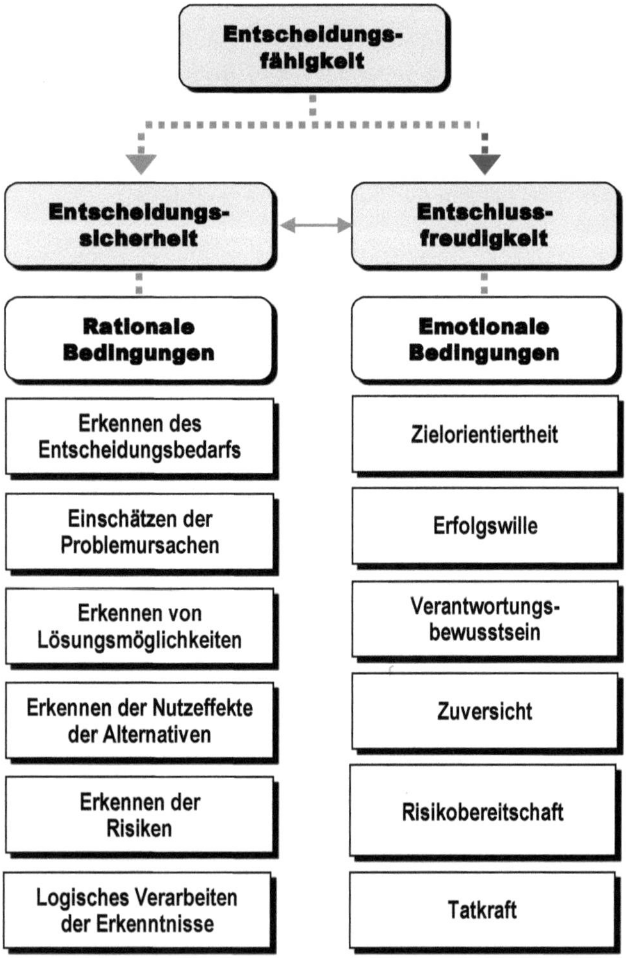

Erfolgreiche intuitive Entscheidungen

Nicht selten treffen routinierte Manager ohne rationale Anstrengung und logische Begründung schnelle, intuitive und dennoch richtige Entscheidungen. Aber auch derartige Entscheidungen sind keine irrationalen Reaktionen oder göttlichen Eingebungen, sondern beruhen auf dem blitzschnellen, reflexartigen Abrufen und Verknüpfen erworbener Erfahrungen. In kritischen Situationen, die sofortiges Handeln erfordern, kann ein solches Entscheidungsverhalten trotz erhöhten Fehlerrisikos das einzig Richtige sein.

Ohne uns dessen immer bewusst zu sein, treffen wir im täglichen Leben fortwährend derartige Sofortentscheidungen. Verantwortungsvolles intuitives Entscheiden darf jedoch nicht zu unkritischem *Wagemut* verleiten. Denn intuitive Entscheidungen bergen stets auch das Risiko, dass sie auf *irrelevanten* Einzelerfahrungen aufbauen. Eine bestimmte Entscheidung kann bei einem früheren Problem absolut *richtig* gewesen scin.

Bei einem gleichartig *erscheinenden* Fall mit nur geringfügig abweichenden Rahmenbedingungen, kann sie sich aber als falsch erweisen. Durch sorgfältiges Abwägen der aktuellen Situationsbedingungen aber – zum Beispiel durch den Einsatz einer systematisierenden Entscheidungstechnik – hätte sich eine solche Fehlentscheidung möglicherweise vermeiden lassen.

Doch auch *intuitiv* erfolgreich entscheiden zu können, ist eine trainierbare Fähigkeit:

> **Je häufiger man systematisch und logisch vorbereitete richtige Entscheidungen trifft, umso reichhaltiger wird das persönliche Repertoire an Denkmustern für erfolgreiche intuitive Entscheidungen.**

Wahl der zweckdienlichsten Entscheidungstechnik

Für jede Art von Entscheidungssituation gibt es eine auf das jeweilige Problemlösungsziel zugeschnittene Technik. Gemäß den Zielsetzungen lassen sich die verschiedenen Entscheidungstechniken in die folgenden drei Hauptgruppen einteilen. Exemplarisch sind hierbei zu jeder Gruppe einige typische Anwendungsbereiche aufgeführt.

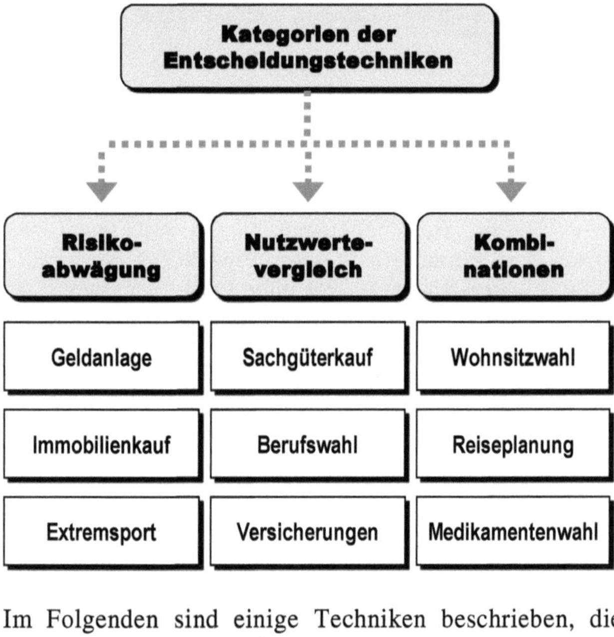

Im Folgenden sind einige Techniken beschrieben, die ohne hohen wissenschaftlichen Anspruch zu erheben, auf alle herkömmlichen Entscheidungssituationen anwendbar sind. Zur Auswahl stehen hierbei einerseits sehr pauschalierende Techniken mit geringem Kenntnis- und Bearbeitungsaufwand, aber demzufolge weniger präzisen Ergebnissen. Zum anderen werden einige stärker differenzierende Verfahren mit entsprechend höherem Aufwand erläutert.

Bei der Methodenwahl sind stets Aufwand und Nutzen gegeneinander abzuwägen. Je bedeutsamer eine Entscheidung ist – also je größer ihre Tragweite – desto eher ist ein höherer Aufwand gerechtfertigt.

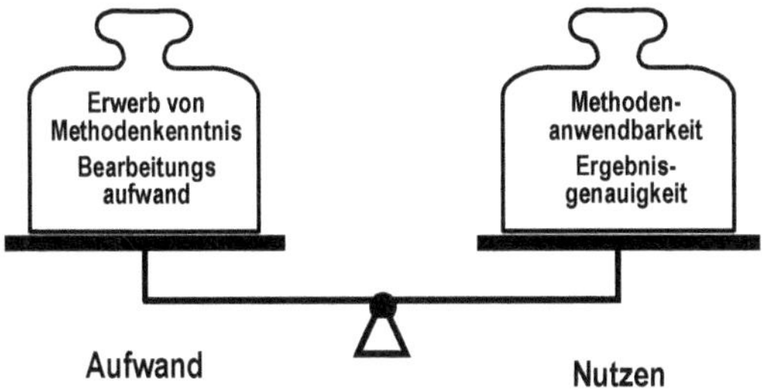

Jedenfalls ist es immer noch besser, mit Hilfe einer weniger perfekten Technik zu entscheiden, als wegen Zeitmangels oder Bequemlichkeit auf eine Systematisierung *gänzlich* zu verzichten, aber das Problemlösungsziel dadurch eventuell zu verfehlen. Überzeugt einen das Ergebnis einer unkomplizierten Entscheidungstechnik nicht, steht es einem immer noch frei, es durch ein etwas anspruchsvolleres Verfahren abzusichern.

Für Entscheidungen mit besonders großer Tragweite oder extremen Risiken stehen präzisere Entscheidungstechniken zur Verfügung, die jedoch derselben grundlegenden Problemlösungslogik folgen. Ihre Unterschiede beruhen lediglich auf ausführlicheren Datenermittlungen und genaueren Berechnungen, die mitunter nur noch mit Computern zu bewältigen sind. Ein derart hoher Bearbeitungsaufwand rechtfertigt sich aber nur bei außergewöhnlich folgenschweren Entscheidungen, wie größere Investitionsvorhaben, kostspielige Produktentwicklungen oder existenzielle Unternehmensfusionen

Die Entscheidungsvorbereitung

Jede systematische Entscheidungsvorbereitung sollte nach folgendem Phasenschema ablaufen:

Insbesondere bei Entscheidungen in Gruppen ist die Entscheidungsvorbereitung meist die *schwierigste* und *konfliktträchtigste* Phase. Zwangsläufig werden hierbei die von den Teilnehmern eingebrachten Problemlösungsideen und deren Begründungen bewertend diskutiert und somit auch persönliche Selbstwertgefühle berührt.

Eine systematische Entscheidungsvorbereitung hilft, Emotionen und verfälschenden Voreingenommenheiten vorzubeugen.

Wahl zielgemäßer Entscheidungskriterien

Die Wahl der zweckdienlichsten Entscheidungskriterien ist eine *entscheidende* Voraussetzung für ein optimales Entscheidungsergebnis. Bleibt ein für die Problemlösung maßgebliches Kriterium *unberücksichtigt* oder werden *untaugliche* Kriterien eingeführt, kann eine noch so perfekte Entscheidungstechnik die bestmögliche Entscheidungsqualität nicht mehr gewährleisten. Insbesondere Gruppenentscheidungen verlaufen oft unbefriedigend und erbringen mangelhafte oder schlicht falsche Ergebnisse, weil

- man bei der Kriterienwahl unsystematisch oder sorglos vorgegangen war,
- die Beteiligten die Auswahl aus taktischen Gründen bewusst manipuliert hatten oder
- belastende Emotionen eine rationale Kriterienvereinbarung verhindert hatten.

Deshalb ist unbedingt darauf zu bestehen, dass man sich bei *jedem* in der Diskussion vorgeschlagenen Kriterium unverzüglich *einigt,* ob es *entscheidungsrelevant* sein soll oder nicht. Erst wenn dies geschehen ist, sollten weitere Fragen diskutiert werden.

Andernfalls besteht die Gefahr, dass wichtige Kriterien im weiteren Verlauf der Diskussion aus den Augen verloren gehen und bei der Beschlussfassung nicht berücksichtigt werden. Möglicherweise geben dadurch geringer erfolgswirksame Aspekte den Ausschlag für den Gruppenbeschluss. Erst wenn man der Überzeugung ist, sämtliche wichtigen Kriterien verbindlich vereinbart zu haben, sollte man zur Alternativenbewertung übergehen.

> **Die Wahl der Kriterien ist für die Qualität einer Entscheidung ein vorentscheidender Schritt.**

Die Kriteriengewichtung

Die Entscheidungsqualität hängt unter anderem auch davon ab, inwieweit man den einzelnen Entscheidungskriterien diejenigen Gewichte zumisst, die ihrer tatsächlichen Bedeutsamkeit für das Problem entsprechen. Bei anspruchsvolleren Entscheidungstechniken ist es üblich, auf die Entscheidungskriterien der Wichtigkeit entsprechend insgesamt 100 Punkte zu verteilen. (Wobei man die Punktezahlen ebenso gut als Prozentsätze auffassen kann.) Das heißt, die Summe aller Gewichtungsfaktoren muss stets 100 sein. Beispielsweise könnten für die Auswahl eines Reiseziels folgende 5 Gewichtungsfaktoren entsprechend deren Bedeutung für die Reisequalität festgelegt worden sein:

Reisekosten	G	=	35
Unterkunftskomfort	G	=	5
Klima	G	=	20
Landschaftscharakter	G	=	30
Sehenswürdigkeiten	G	=	10
Summe	G	=	100

Bei Entscheidungen geringerer Tragweite, die keinen hohen Aufwand für präzise Ergebnisse rechtfertigen, können auch gröbere Skalierungen verwendet werden. Beispielsweise eine den Rechengang vereinfachende fünf- oder sogar nur dreistufige Skala. Letztere würde dann definiert sein mit:

1 = Bedeutung gering, 2 = mittelmäßig, 3 = groß

Die Höhe der Gewichtungsfaktoren hängt letztlich von den individuellen Wertvorstellungen des/der Entscheider ab. Schon daran erweist es sich, dass Entscheidungen stets auf subjektiven Annahmen basieren – es also keine *absolut objektiven* Entscheidungen geben kann.

Die Kriterienbewertung

Um eine Rangfolge der Lösungsalternativen aufstellen zu können, sind deren Entscheidungskriterien hinsichtlich ihres *Nutzens* für die Problemlösung zu bewerten.

Die Kriterienwerte bilden quasi die Messlatte, an der die Nutzwerte der Alternativen abgelesen werden. Dazu wird jede Alternative dahingehend begutachtet, inwieweit ihre einzelnen Kriterien geeignet sind, die angestrebten Problemlösungsziele zu erreichen. Man nennt diese Bewertungsgrößen daher *Zielerreichungsgrade*.

Allerdings stellt sich dabei ein mathematisches Problem: Meist haben die eingeführten Kriterien unterschiedliche Maßeinheiten. So wird Beispielsweise der Kaufpreis eines Kraftfahrzeugs in *Euro*, der Kraftstoffverbrauch in *Litern pro 100 km* und die Motorleistung in *kW* angegeben. Um die Gesamtnutzwerte der einzelnen zur Auswahl stehenden Fahrzeuge berechnen zu können, müsste man demzufolge – im Widerspruch zu den Regeln der Mathematik – Äpfel und Birnen addieren!

Man umgeht dieses mathematische Problem, indem man sämtliche Maßeinheiten in eine einheitliche Bewertungsskala umwandelt. Allgemein üblich ist hierfür eine zehnstufige Skala gemäß der nachstehenden Abbildung.

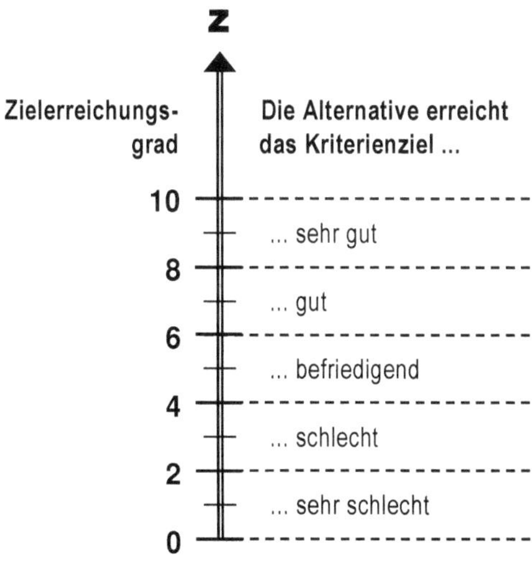

Im Interesse der Vereinfachung kann man sich jedoch, – ebenso wie bei den Gewichtungen – auch bei Kriterienbewertungen auf eine fünf- oder dreistufige Skala beschränken. Die dreistufige würde dann folgendermaßen definiert sein:

1 = Zielerreichung schlecht, 2 = mittelmäßig, 3 = gut

Bewerten von Wahrscheinlichkeiten

Echte Entscheidungen sind stets mit einem gewissen Grad der Unsicherheit verbunden. Zum einen, weil immer auch unterschiedliche menschliche Wertvorstellungen zum Tragen kommen. Zum anderen, weil man oft vom Eintreffen in der Zukunft liegender entscheidungsrelevanter Ereignisse abhängig ist. Beispielsweise bei langfristigen Geldanlagen oder der Planung witterungsabhängiger Veranstaltungen.

Ein weiterer Unsicherheitsfaktor kann die Zuverlässigkeit der verfügbaren Bewertungsdaten sein, wie zum Beispiel die Schätzkosten von Großbauvorhaben oder der veranschlagte Energiebedarf einer geplanten umfangreichen Klimaanlage.

Bei sehr risikobehafteten Entscheidungen kann es daher angebracht sein, in die Berechnung der Alternativennutzwerte auch die Wahrscheinlichkeit des Eintreffens von Ereignissen bzw. die Zuverlässigkeit der verfügbaren Daten einfließen zu lassen. Derartige Ungewissheiten lassen sich durch das Bilden von *Wahrscheinlichkeitsfaktoren* erfassen. Der gängige Maßstab hierfür ist die nachstehend abgebildete Bewertungsskala.

Bei Entscheidungen geringer Tragweite, die keinen hohen Verfahrensaufwand rechtfertigen oder bei denen nur pauschale Einschätzungen erforderlich sind, können auch für die Wahrscheinlichkeitsfaktoren gröbere Skalierungen vorgesehen werden. Analog zu den vereinfachenden Kriteriengewichtungen und -bewertungen mit den Faktoren von 1 bis 5 oder auch nur 1 bis 3. Die letztere Skala wäre dann definiert mit

Wahrscheinlichkeit gering – durchschnittlich – hoch.

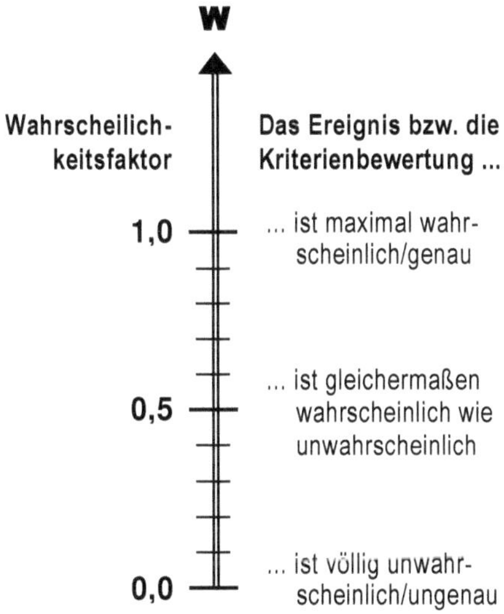

Manchmal kann oder soll der Vereinfachung wegen auf Kriteriengewichtungen und Wahrscheinlichkeitsbewertungen sogar gänzlich verzichtet werden. Da dann zur Ermittlung der Alternativennutzwerte keine *Multiplikationen* einzelner Faktoren erforderlich sind, können hierbei für die Kriterienbewertungen statt einer numerischen Skala auch *Symbole* verwendet werden.

Beispielsweise können das die Symbole **++**, **+**, **0** und **– –** sein. Sie wären dann definiert mit *Zielerreichung sehr gut – gut – befriedigend – schlecht – sehr schlecht.* Oder man beschränkt sich sogar auf die drei Symbole für die Faktoren *gut, befriedigend und schlecht.* Die Art der Darstellung mit Symbolen ist besonders bildhaft und übersichtlich. Aufgrund ihrer Sinnfälligkeit bedürfen die Symbole auch keiner besonderen Erklärung.

Allen im Folgenden vorgestellten Entscheidungstechniken ist die Schriftform gemeinsam, denn die Überlegungen niederzuschreiben und sie eventuell auch tabellarisch zu strukturieren,

- zwingt zum disziplinierteren Denken,
- gewährleistet ein zielgerichtetes, folgerichtiges Vorgehen,
- hilft, keine Fragen oder Fakten zu übersehen,
- verdeutlicht logische Zusammenhänge und macht Abhängigkeiten sichtbar,
- erleichtert es, andere Entscheidungsträger zu überzeugen und
- gewährleistet die jederzeitige Nachvollziehbarkeit des Entscheidungsvorgangs.

> **Eine schriftliche Entscheidungsvorbereitung ist ein Zeichen der Gewissenhaftigkeit und kann bei späterer Kritik der getroffenen Entscheidung als Entlastungsbeleg dienen.**

Entscheidungstechnik zur Risikoanalyse

Die hier beschriebene tabellarische Technik dient ausschließlich der Risikominimierung von Entscheidungen. Sollen auch deren Nutzwerte ermittelt werden, ist dies mit einer der hierfür vorgesehenen Techniken vorzunehmen. Einige dieser Techniken zur Nutzwertermittlung werden im Folgenden beschrieben. Oder man wählt von vornherein ein kombiniertes Verfahren.

Zur Erläuterung einer tabellarischen Risikoanalyse ist exemplarisch nachstehend der besonders risikobehaftete Kauf einer Immoblie dargestellt.

Risikoanalyse	Erwerb einer Wohnimmobilie			11.11.21
Alternativen	**Mögliche Risiken**	**W**	**T**	**R**
Alternative 1	Steigende Hypothekenzinsen	7	3	21
Kauf eines Einfamilienhauses vom Vorbesitzer	Nicht erkannte Baumängel	4	5	20
	Zunehmender Instandsetzungsaufwand	4	4	16
	Unvorhersehbare Konflikte mit Nachbarn	3	3	9
	Minderung der Standortqualität (Verkehr usw.)	2	5	10
	Später erkennbare Grundstücks-Altlasten	1	8	8
	Gesamt-Risikowert der Alternative 1			**84**
Alternative 2	Steigende Hypothekenzinsen	7	3	21
Einfamilienhaus bauen	Nicht erkannte Baumängel	2	5	10
	Unvorhersehbare Konflikte mit Nachbarn	4	3	12
	Minderung der Standortqualität (Verkehr usw.)	4	5	20
	Erhebliche Verzögerung der Fertigstellung	5	2	10
	Insolvenz der Baufirma	3	9	27
	Rechtstreit m. Architekt, Baufirma, Zulieferern	2	3	6
	Gesamt-Risikowert der Alternative 2			**96**
Alternative 3	Steigende Hypothekenzinsen	7	3	21
Kauf einer neuen Eigentumswohnung	Nicht erkannte Baumängel	3	5	15
	Unvorhersehbare Konflikte mit Nachbarn	4	2	8
	Minderung der Standortqualität (Verkehr usw.)	3	5	15
	Streitigkeiten in der Eigentümergemeinschaft	2	3	6
	Gesamt-Risikowert der Alternative 3			**65**
Alternative 4	Steigende Hypothekenzinsen	7	3	21
Kauf eines Altbaumietshauses mit Eigennutzung einer Wohnung	Nicht erkannte Baumängel	6	5	30
	Zunehmender Instandsetzungsaufwand	6	5	30
	Unvorhersehbare Konflikte mit Nachbarn	3	2	6
	Minderung der Standortqualität (Verkehr usw.)	2	5	10
	Mietausfälle	5	4	20
	Wertmindernde Auflagen d. Denkmalsschutzes	1	7	7
	Gesamt-Risikowert der Alternative 4			**124**

Bei der Bearbeitung des Formulars ist folgendermaßen vorzugehen:

1. Bearbeitungsfolge

Im Interesse der Objektivität ist es ratsam, die Tabelle strikt spaltenweise auszufüllen. Andernfalls besteht die Gefahr beim Bewerten der Wahrscheinlichkeit eines Risikos sich unwillkürlich von dessen Konsequenzen beeinflussen zu lassen. Diese sind jedoch erst in einem folgenden Arbeitsgang mit dem Faktor Tragweite separat zu bewerten.

Ebenso falsch wäre es, der Tragweite eines Risikos nur einen geringen Wert zu geben, weil man im Grunde die Wahrscheinlichkeit seines Auftretens für gering hält. Entscheidend ist alleine, wie schwerwiegend das Risiko wäre, wenn es denn – so unwahrscheinlich es auch sein mag – tatsächlich aufträte. Beide Faktoren müssen völlig unabhängig voneinander betrachtet werden.

2. Eintragen der Risiken

Zu jeder Entscheidungsalternative sind deren mögliche Risiken einzutragen. Ist ein Risiko bei mehreren Alternativen gegeben, ist es mehrfach einzutragen. Trifft es allerdings auf *sämtliche* Alternativen zu und das mit *gleichhoher* Wahrscheinlichkeit sowie *Tragweite,* kann es vernachlässigt werden, da es für die Ermittlung der Alternativenrangfolge unerheblich ist.

3. Die Wahrscheinlichkeiten

Je nachdem für wie wahrscheinlich man das Eintreffen eines Risikos hält, wird es mit einem entsprechenden *Faktor W (Eintreffenswahrscheinlichkeit)* bewertet. Wenn das Eintreffen als sehr unwahrscheinlich angesehen wird ist nur 1 Punkt zu vergeben. Wird es als sehr wahrscheinlich *(nahezu sicher)* eingeschätzt, sind 10 Punkte vorzusehen. Der Wert $W = 0$ ist auszuschließen.

Er würde nämlich besagen, dass der Umstand mit Sicherheit nicht eintreten wird – es sich also um gar kein Risiko handelt und daher auch nicht als solches einzutragen war.

4. *Die Tragweiten*
   Die negativen Konsequenzen im Fall des Eintreffens eines Risikos werden mit dem *Faktor T = Tragweite* bewertet. Nur 1 Punkt bedeutet, dass die Auswirkungen sehr gering wären und 10 Punkte, wenn man sie für sehr schwerwiegend einschätzt. Auch hier entfällt der *Wert 0,* da es sich sonst um einen Umstand ohne jegliche negative Folgen handeln würde – also kein echtes Risiko gegeben wäre.

5. *Bewertungsergebnisse und Entscheidung*
   Durch Multiplikation der Faktoren ergibt sich für jedes Risiko ein *Risikowert R = W x T.* Wollte man lediglich den am wenigsten riskanten Weg ermitteln, wäre selbstverständlich die Alternative mit der *niedrigsten* Summe der Risikowerte zu wählen.

   Das muss allerdings nicht bedeuten, dass man sich damit automatisch für die Problemlösung mit dem größten Nutzen entscheidet: Es kann durchaus sein, dass eine Entscheidungsvariante zwar die *risikoloseste* ist, aber andererseits einen *geringen Nutzwert* aufweist. Die Ermittlung des Nutzwerts wäre dann zusätzich mit einer hierfür vorgesehenen Technik vorzunehmen. Eine andere Möglichkeit wäer, von vornherein eine kombinierte Technik anzuwenden.

   Dennoch kann es durchaus vorkommen, dass man sich entgegen dem Rechenergebnis für eine Alternative mit sehr hohem Risikowert entscheidet. Weil sie nämlich einen *besonders hohen Nutzwert* bietet, sich *besonders leicht realisieren* ließe oder wegen sonstiger guter Gründe – möglicherweise auch rein emotionaler.

Immerhin macht es eine Risikoanalyse bewusst, welche und wie hohe Risiken man bei einer vom Ermittlungsergebnis abweichenden Entscheidung eingehen würde.

Nutzwertermittlung mit der Merkmaleschablone

Die Merkmaleschablone ist ein Hilfsmittel, mit dem man sich bei einem Auswahlproblem mit geringem Aufwand einen *schnellen Überblick* verschaffen kann, inwieweit sich anbietende Lösungsmöglichkeiten überhaupt in Betracht zu ziehen sind – beziehungsweise welche Alternativen von vornherein *auszuschließen* sind.

Die Technik heißt *Merkmaleschablone* weil mit ihr die Merkmale dargestellt werden, die eine Lösungsalternative aufweisen muss, um berücksichtigt werden zu können. Es sich sozusagen um eine Schablone handelt, in die eine jede brauchbare Alternative hineinpassen muss. Sie ist somit keine Alternativenbewertung im engeren Sinn, da sie noch keine *qualitativen* Aussagen liefert, wie stark die einzelnen Merkmale ausgeprägt sind und wie ihre Nutzwertunterschiede einzuschätzen sind. Es wäre daher auch nicht sinnvoll, sich generell für die Alternative mit der größten *Anzahl* zutreffender Merkmale zu entscheiden. Beispielsweise kann es für die Entscheidung ausschlaggebend sein, dass ein bestimmtes Merkmal als besonders nutzbringend oder sogar als unverzichtbar angesehen wird.

Die Schablone hilft, vor allem bei einer großen Zahl von Entscheidungskriterien sowie Lösungsmöglichkeiten keine wesentlichen Faktoren zu übersehen und auf einfache Weise das Auswahlspektrum zumindest einzugrenzen. Entschließt man sich danach, mit einer weiterfüh-renden Entscheidungstechnik die Nutzwerte zu differenzieren, hat man sich dadurch deren Bearbeitung durch die reduzierte Alternativenzahl immerhin *vereinfacht*. Wegen ihrer Unkompliziertheit eignet sich die Technik auch gut für Gruppenentscheidungen mit darin noch ungeübten Teilnehmern.

Hier ein Beispiel für die Auswahl einer Mietwohnung:

Merkmaleschabone	Auswahl einer 4-Zimmer-Mietwohnung					
Lösungsalternativen → / **Auswahlmerkmale ↓**	Wohnungsangebot A	Wohnungsangebot B	Wohnungsangebot C	Wohnungsangebot D	Wohnungsangebot E	Wohnungsangebot F
Warmmiete möglichst nicht über 700 €/Monat	**X**	**X**		**X**		**X**
Max. 10 min Fußweg bis zu einer U-Bahn-Station			X	X	X	
Nahe einer Parkanlage mit Kinderspielplatz		X			X	
Weg zur Grundschule nur mit Ampelübergängen	**X**	**X**	**X**		**X**	
Straße ohne stärkeren Durchgangsverkehr	**X**	**X**		**X**	**X**	**X**
Wohnzimmergröße mindestens 20 m²			X	X	X	X
Zentralheizung	X	X	X		X	X
Separates Gäste-WC			X		X	X
Gute Parkmöglichkeiten		X		X	X	X
Zutreffende Merkmale	**4**	**6**	**5**	**5**	**9**	**6**
Vorrangige Alternativen	**X**	**X**			**X**	

Gehen Sie beim Ausfüllen der Schablone folgendermaßen vor:

1. *Alternativeneintrag*
   Als Erstes im Kopf der Tabelle alle denkbaren *Lösungsmöglichkeiten* stichwortartig eintragen.
2. *Auswahlmerkmale*
   Überlegen Sie alsdann, welche Merkmale die jeweilige Lösungsalternative aufweisen muss, damit die Entscheidung noch einen akzeptablen Nutzen erbringen kann. Diese *Entscheidungskriterien* sind in der ersten Spalte aufzulisten. Da es sich ohnehin um ein pauschalierendes Verfahren handelt, sollten Sie sich darauf beschränken, nur Merkmale zu berücksichtigen, die sich auf die Entscheidungsqualität tatsächlich *nennenswert* auswirken.

   Merkmale, die für die Entscheidung besonders bedeutsam oder sogar unabdingbar sind – auch *Bedingungen* genannt – dürfen auf keinen Fall unterschlagen werden, sondern müssen sogar mit besonderem Gewicht in die Entscheidung einfließen. Um sie hervorzuheben, sollten Sie diese in der Tabelle fett schreiben, unterstreichen oder farbig markieren. Ist bei einer Lösungsalternative eine dieser wichtigen Bedingungen nicht erfüllt, darf sie nur aus einem triftigen Grund ausgewählt werden.
3. *Bewertungsergebnisse und Entscheidung*
   In der letzten Zeile sind diejenigen Alternativen zu markieren, die alle *unverzichtbaren* Bedingungen *erfüllen* und somit für die Auswahlentscheidung vorrangig in Frage kommen. Im Musterbeispiel ist allerdings auch das *Wohnungsangebot E* markiert, obwohl es die Bedingung *Warmmiete* nicht erfüllt. Die Wohnung weist dafür aber besonders *viele andere* nützliche Merkmale auf. Voraussetzung für eine Berücksichtigung wäre aber, dass sie den für die Miete ursprünglich angesetzten Maximalwert nur um ein *gerade noch vertretbares* Maß überscheiten würde.

Für die Alternativenbeurteilung könnten noch weitere, möglicherweise auch *emotionale,* nicht quantifizierbare Kriterien berücksichtigt werden – zum Beispiel schöne Aussicht. Für welche der Alternativen man sich letztendlich entscheidet, ist ohnehin ein pauschalierender Vorgang, bei dem auch persönliche Gefühle nicht unberücksichtigt bleiben sollten.

> **Bei der Merkmaleschablone steht nicht die Ergebnisgenauigkeit im Vordergrund, sondern sind Unkompliziertheit und schnelle Nutzbarkeit ihre wesentlichen Vorzüge.**

Der Vollständige Paarvergleich

Das Problem sehr großer Alternativenzahlen ist, dass unser Gehirn sehr schnell überfordert wird, wenn wir viele Nutzwertvergleiche gleichzeitig durchführen müssen, um eine Rangfolge aufstellen zu können.

Wenn also die *Menge* der Auswahlmöglichkeiten den Entscheidungsprozess unübersichtlich macht und *gut begründete* Bewertungen erschwert. Beispielsweise ergeben Brainstorming-Sitzungen (ihrem Sinn und Zweck entsprechend) oft sehr viele Ideen, sodass es schwerfällt, sich für eine zu entscheiden.

Mit der Technik des vollständigen Paarvergleichs kann man diese Schwierigkeit umgehen: Man gliedert hierbei den Bewertungsprozess in kleine überschaubare Schritte und vergleicht immer *nur zwei* Lösungsalternativen hinsichtlich ihrer Nutzwerte miteinander. Außerdem wird dadurch sichergestellt, dass keine Alternative übergangen wird und alle mit derselben Sorgfalt beurteilt werden.

Allerdings eignet sich die Methode nur für unkomplizierte, möglichst eindimensionale Probleme, deren Merkmale sich mit nur einem oder einigen wenigen Stichworten benennen und somit *pauschal* bewerten lassen. Sie verzichtet somit auf das spezifische Bewerten einzelner Alternativenmerkmale. Hier die Entscheidung für die Wahl des Namens eines neuen Produkts.

Vollständiger Paarvergleich													Name eines neunen Waschmittels	
Alternativen I		**Alternativen II**											Summen	**Rangfolge**
		A	**B**	**C**	**D**	**E**	**F**	**G**	**H**	**I**	**J**	**K**		
Wasch	A		B	C	A	A	F	G	H	A	A	A	5	4
Edelrein	B			C	B	E	F	B	H	I	B	K	4	5
PureWash	C				C	E	F	E	C	C	C	K	6	3
Bergsee	D					E	F	G	H	I	J	K	0	10
Quellrein	E						F	E	H	E	E	E	8	1
Megarein	F							F	F	F	J	K	8	1
Blütenrein	G								H	G	G	K	5	4
Suprarein	H									H	H	K	7	2
Adretta	I										I	I	4	5
Natura	J											K	2	6
Cleany	K												7	2

Gehen Sie beim Ausfüllen der Tabelle wie folgt vor:

1. *Alternativeneintrag*
   Tragen Sie zunächst in die erste Spalte alle zu berücksichtigenden Lösungsalternativen als *Alternativen I* ein. Durch die zugeordneten *Kennbuchstaben* wiederholen sie sich als *Alternativen II* in der Kopfzeile. (Das erspart ein zweimaliges Eintragen.) Da das Blankoformular nur maximal 20 Alternativen zulässt, sind

bei größeren Anzahlen horizontal und vertikal weitere Blätter anzufügen.

2. *Erster Paarvergleich*
   Vergleichen Sie nunmehr zeilenweise jede der *Alternativen I* paarweise mit den einzelnen *Alternativen II* und tragen den Kennbuchstaben der jeweils bevorzugten Alternative ein. Da es sinnlos ist, eine Alternative mit sich selbst zu vergleichen, sind die entsprechenden Felder geschwärzt. Normalerweise genügt es, nur das rechte obere Dreiecksfeld des Formulars auszufüllen.

3. *Rangfolgenbildung*
   Zählen Sie in alphabetischer Reihenfolge aus, wie oft der jeweilige Kennbuchstabe in der *gesamten* Matrix vorkommt. Vermerken Sie die ermittelten Summen in der vorletzte Spalte. Aus den Einzelsummen bilden Sie dann in der letzten Spalte eine entsprechende Rangfolge. Die Alternative mit der *häufigsten* Nennung erhält dabei logischerweise die Rangziffer 1.

4. *Kontrolle bzw. Differenzierung*
   Erfahrungsgemäß können sich während des kritischen Auseinandersetzens mit den einzelnen Alternativen die eigenen Wertmaßstäbe verschieben. Daher kann es sinnvoll sein, zur Selbstkontrolle die Paarvergleiche zweimal durchzuführen. Für die Ergebnisse des zweiten Durchgangs steht Ihnen die linke untere Dreieckshälfte zur Verfügung. Für die neue Rangfolgenbildung werden sämtliche Eintragungen der *kompletten* Matrix ausgezählt, sodass sich eventuelle Bewertungsunterschiede rechnerisch ausgleichen.

Mitunter kommt es allerdings vor, dass mehrere Alternativen denselben Rang erzielen. Das ist vor allem dann problematisch, wenn es sich dabei um den ersten Rang handelt. Auch dann kann ein zusätzlicher zweiter Paarvergleich helfen, ein eindeutiges Ergebnis zu erzielen. Oder man entscheidet sich zwischen den beiden wertgleichen Alternativen, indem man besonders problemrelevante Alternativenmerkmale zur Differenzierung heranzieht.

Der Vollständige Paarvergleich erleichtert das Entscheiden bei unüberschaubar vielen Alternativen und erfordert dennoch nur geringen Zeitaufwand.

Die Rangreihenbildung

Die Rangreihenbildung ist eine besonders *unkomplizierte* Methode zur Nutzwertermittlung. Sie eignet sich vor allem für Entscheidungen, bei denen eine relativ *geringe Anzahl* von Alternativen gegeben ist und sich diese mit *pauschalen* Werturteilen hinreichend zuverlässig bewerten lassen.

Wegen ihrer leichtverständlichen Verfahrensregeln eignet sich die Technik auch gut für Entscheidungen in *Gruppen*. Wenn Sie beispielsweise mit Ihrer Familie, einem Freundeskreis oder in einem Verein eine gemeinsame Reise planen, löst das erfahrungsgemäß oft sich über Tage und Wochen hinziehende kontroverse Debatten über das Reiseziel aus. Nicht selten kommt es sogar vor, dass man den Plan wegen unüberbrückbar erscheinender Differenzen schließlich gänzlich aufgibt.

Bei derart emotional besetzten Vorhaben treffen meist sehr *unterschiedliche Bedürfnisse* aufeinander, die eine einvernehmliche Übereinkunft erschweren. Hier kann die Rangreihenbildung den Entscheidungsprozess versachlichen sowie beschleunigen und führt in der Regel letztlich doch zu einer von allen Mitwirkenden weitgehend *akzeptierten* Vereinbarung.

Nachstehend als Anschauungsbeispiel das ausgefüllte Formular für einen derartigen Entscheidungsfall.

Rangreihenbildung	Auswahl eines Reiseziels						
Alternativen → **Kriterien ↓**	Nordsee	Harz	Sizilien	Mallorca	Thailand	Kreta	Tirol
Geringe Reisekosten	4	1	7	2	6	5	3
Geringe Anreisedauer	2	1	6	3	7	4	5
Warmes Klima	7	6	3	4	1ϟ	2	5
Reizvolle Landschaft	7	6	5	3	1	2	4
Hoher Erlebniswert	6	7	5	1+	2	3	4
Geringe Kriminalität	1	2	7+	6	5	4	3
Deutschkenntnisse	1 *)	1 *)	6	4	5	3	2
Summen	**28**	**24**	**39**	**23**)**	**27**	**23**)**	**26**
Rangfolge	**6**	**3**	**7**	**1**	**5**	**2**	**4**

Erläuterungen

*) Bei gleichwertigen Alternativen werden gleiche Rangziffern vergeben.

\+ Besonders stark ausgeprägtes Kriterium

ϟ Achtung! Kann extrem sein und somit zu einem Ausschlusskriterium werden oder sich auch ins Gegenteil kehren – z. B. vom Positiven ins Negative. („Warmes" Klima kann in manchen Regionen Thailands extrem belastend heiß und feucht werden!)

**) Errechnen sich in der Summenzeile zwei erste Ränge, können ggf. erläuternde Symbole zur Entscheidung beitragen oder könnte auch die Bewertung eines besonders schwerwiegenden Kriteriums entscheiden. (Hier z. B der Kostenfaktor.)

Nachstehend sind die Bearbeitungsregeln aufgeführt.

1. *Alternativenbewertung*
   Bringen Sie die Lösungsalternativen zeilenweise in eine nutzwertgemäße Rangfolge. Dazu erhält diejenige, die das jeweilige Entscheidungskriterium am besten erfüllt, die Rangziffer 1 und bekommt diejenige, die es am wenigsten erfüllt, die höchste Rangziffer. Werden zwei Alternativen als gleichwertig eingestuft, kann ihnen dieselbe Rangziffer zugeordnet werden, da es das Gesamtergebnis nicht entscheidend verfälscht.
2. *Alternativenrangfolge*
   Durch Addition der jeweiligen Rangziffern ergibt sich die Gesamtrangfolge aller Alternativen. Die mit der *niedrigsten* Summe wäre logischerweise diejenige mit dem höchsten Nutzwert für die Problemlösung.

   Rein rechnerisch kann es sich allerdings ergeben, dass zwei Alternativen auf dem ersten Platz landen – man sich also zwischen diesen beiden zu entscheiden hätte. Es empfiehlt sich dann zu überlegen, welches Kriterium man für das wichtigste hält, um sich dann für diejenige zu entscheiden, die in der betreffenden Zeile höherrangiger eingestuft ist. Beim abgebildeten Beispiel wäre es das Kriterium *Erlebniswert*, da hier der Alternative *Mallorca* ein besonders hoher Wert zugemessen wurde. Würde sich dann immer noch ein Gleichstand ergeben, wäre die Prozedur mit dem zweitwichtigsten Kriterium zu wiederholen usw.

Bei der Rangreihenbilden werden die Kriterien in eine Reihenfolge mit *gleichgroßen Rangabständen* gebracht, obwohl die absoluten Nutzwerte sehr unterschiedlich sein können. Beim obigen Praxisbeispiel ist der Reisedauerunterschiede zwischen einer Reise an die Nordsee und in den Harz sicher geringer als zwischen Kreta und Thailand.

Außerdem fließen die einzelnen Kriterien mit *gleichhohen Gewichten* in die Nutzwertberechnung ein. In vielen Fällen aber sind einige der Kriterien für die Problemlösung wesentlich schwerwiegender als die übrigen. Im Beispiel könnten vielleicht die Reisekosten als erheblich wichtiger angesehen werden als die Deutschkenntnisse der Einheimischen am Urlaubsort. Wird jedoch ohnehin keine sehr hohe Ergebnispräzision anstrebt, sind diese Mängel im Interesse des geringen Verfahrensaufwands meist vernachlässigbar.

> **Trotz ihrer Vereinfachungen liefert die Rangreihenbildung immer noch zuverlässigere Ergebnisse als ein diffuses gefühlsmäßiges Entscheiden.**

Die Plus-Minus-Bewertung

Will man zu differenzierteren Ergebnissen kommen als mit der vereinfachenden Rangreihenbildung, bietet sich hierfür zum Beispiel die Plus-Minus-Bewertung an. Auch sie ist relativ unkompliziert und wenig arbeitsaufwendig, liefert aber dennoch für die meisten Praxisfälle eine gute Entscheidungsgrundlage. Als Beispiel ist nachstehend die Entscheidungsfindung für die Ausmusterung eines Kraftfahrzeugs aus dem Fuhrpark eines Unternehmens dargestellt. Das Ausfüllen des betreffenden Formulars geschieht in den nachstehend beschriebenen Arbeitsschritten:

1. *Alternativeneintrag*
   Tragen Sie im Kopf der Tabelle die zur Wahl stehenden Fahrzeuge ein.
2. *Kriterienformulierung*
   Listen Sie dann in der ersten Spalte die *Entscheidungskriterien* auf. Sofern Sie die Entscheidungsfindung nur für sich alleine vornehmen, genügt es, die Kriterien stichwortartig zu benennen. Beispielsweise einfach nur: „Kaufpreis“.

   Sollen aber auch andere Personen den Entscheidungsweg eindeutig nachvollziehen können, ist es notwendig, auch die Kriterienziele zu vermerken und sie so präzise wie möglich zu formulieren. Beispielsweise: „Kaufpreis *möglichst* unter 1.400 €“ oder noch konkreter: „Kaufpreis *maximal* 1.400 €.“

3. *Kriterienbewertung*
   Für die Nutzwerte der Alternativenkriterien ist eine fünfstufige Skala vorgesehen, deren Skalenwerte *(Zielerreichungsgrade)* als grafische Symbole gekennzeichnet sind. Wegen ihrer Allgemeinverständlichkeit bieten sich hierfür mathematische Zeichen mit folgender Definition an:

   ++ = Zielerreichung sehr gut

   \+ = Zielerreichung gut

   o = Zielerreichung befriedigend

   – = Zielerreichung schlecht

   – – = Zielerreichung sehr schlecht

   Bei minderwichtigen Entscheidungen genügt es, nur die drei Bewertungsstufen *gut (+), befriedigend (o)* und *schlecht (–)* vorzusehen.

4. *Alternativenrangfolge*
   Die senkrechte Addition der einzelnen Kriterienwerte ergibt dann die Rangfolge der Alternativen hinsichtlich ihrer Erfolgswahrscheinlichkeit für die Problemlösung. Plus- und Minus-Zeichen heben sich dabei gegenseitig auf.

   Die relativ undifferenzierten fünf- oder dreistufigen Bewertungsskalen können allerdings dazu führen, dass sich – insbesondere bei geringen Kriterienzahlen – rein rechnerisch zwei oder sogar mehrere gleiche Alternativenränge ergeben.

   Handelt es sich dabei um die beiden ersten, wäre dann zwischen diesen beiden Spitzenreitern zu entscheiden. Dazu können beispielsweise die Bewertungen beim wichtigsten Kriterium verglichen werden. Sind auch diese gleichhoch, kann das zweitbedeutsamste Kriterium entscheiden usw.

Plus-Minus-Bewertung	Ausmusterung eines Firmen-Kfz					11.11.21	
Lösungsalternativen → / **Entscheidungskriterien ↓**	Fahrzeug 1	Fahrzeug 2	Fahrzeug 3	Fahrzeug 4	Fahrzeug 5	Fahrzeug 6	Fahrzeug 7
Alter des Fahrzeugs	+ +	– –	+	o	–	– –	–
Gefahrene Kilometer	+ +	–	o	o	– –	– –	o
Technischer Zustand (Instandhaltungskosten)	o	–	+ +	o	o	– –	–
Ladevolumen	– –	–	+ +	– –	o	+ +	+ +
Kraftstoffverbrauch	o	– –	+ +	–	–	o	– –
Außerlicher Zustand	+ +	– –	+	–	o	– –	o
Größe der Werbefläche	o	o	+ +	– –	– –	o	+ +
Sitzkomfort	+ +	o	– –	o	o	+	–
Gesamt-Nutzwerte	**+ 6**	**- 9**	**+ 8**	**- 6**	**- 6**	**- 5**	**- 1**

Allerdings werden auch bei dieser Technik die Alternativenkriterien nicht gewichtet.

Die Nutzwertanalyse

Diese Technik hingegen ermöglicht es, die Entscheidungskriterien auch zu gewichten. Sie ist demzufolge deutlich differenzierender, dabei aber ebenfalls noch verhältnismäßig unkompliziert. Hier ein Beispiel:

Nutzwertanalyse	Problem: Kauf eines Pkws	Datum: 11.11.21

Gewichtung (G): Bedeutung sehr hoch = 5, hoch = 4, mittel = 3, gering = 2, sehr gering = 1 Punkt

Bewertung (Z): Zielerreichung sehr gut = 5, gut = 4, befriedigend = 3, schlecht = 2, sehr schlecht = 1 Punkt

Lösungsalternativen → / **Entscheidungskriterien ↓**		Citroën C3		Renault Clio		Ford Ka		Fiat Punto	
I. Bedingungen (absolute Kriterien), die erfüllt sein **müssen (x)**		Nur berücksichtigen, wenn alle erfüllt sind							
Kaufpreis (Listenpreis) maximal 15.000 €		X		X		X		X	
Mindestens 5 Sitzplätze		X		X				X	
Mit Hecktür		X		X				X	
II. Realisierbare Bedingungen und relative Kriterien mit Zielgrößen (**G**ewichtung x **Z**ielerreichung = **N**utzwert)	**G**	Z	**N**	Z	**N**	Z	**N**	Z	**N**
Kaufpreis maximal 15.000 €	5	2	10	2	10			4	20
Mindestens 5 Sitzplätze	5	4	20	4	20			4	20
Mit Hecktür	5	5	25	5	25			5	25
Kraftstoffverbr. mögl. < 6 l/100 km	4	3	12	5	20			3	12
Möglichst Normalbenzin	3	1	3	5	15			1	3
Höchstgeschwindigkeit > 180 km/h	3	1	3	5	15			3	9
Tankinhalt möglichst > 50 l	3	2	6	5	15			2	6
Kofferraum möglichst > 280 l	3	5	15	5	15			4	12
Möglichst m. Automatikgetriebe	1	1	1	5	5			1	1
Möglichst m. Fahrer- u. Seitenairbags	4	5	20	5	20			5	20
Möglichst mit ABS	3	5	15	5	15			5	15
Gesamt-Nutzwerte		**130**		**175**				**143**	

Beim Ausfüllen des Formulars gehen Sie folgendermaßen vor:

1. *Alternativeneintrag*
   Tragen Sie im Kopf der Tabelle die zur Wahl stehenden Lösungsmöglichkeiten ein.

2. *Kriterienformulierung*
   Führen Sie im *Tabellenteil I* zunächst die *Bedingungen (absolute Kriterien)* auf, die in jedem Fall erfüllt sein müssen, damit eine Alternative für die Problemlösung überhaupt in Frage kommt. Es will dabei gut überlegt sein, ob Sie ein Kriterium in den Rang einer Bedingung erheben. Denn konsequenterweise ist jede Alternative, die nicht *alle* Bedingungen erfüllt von der weiteren Bearbeitung auszuschließen!

   Im *Teil II* sind die *erfüllbaren* Bedingungen aus Teil I zu wiederholen. (Würden Sie diese nicht noch einmal aufführen, würden gerade die besonders wichtigen Kriterien bei den Nutzwertberechnungen unberücksichtigt bleiben!) Des Weiteren sind die *relativen Kriterien* einzutragen.

3. *Zielbeschreibungen*
   Vermerken Sie zu den Kriterien die jeweiligen *Kriterienziele* (möglichst als messbare Größen). Um die Entscheidungskriterien hinsichtlich ihrer Zielerreichungen zutreffend bewerten zu können, müssen die Ziele präzise und eindeutig formuliert sein.

   Das gilt insbesondere dann, wenn das Entscheidungsverfahren nachvollziehbar dokumentiert werden soll. Entweder um separate Entscheidungsträger zu überzeugen oder um die getroffene Entscheidung später gegebenenfalls rechtfertigen zu können.

   So wäre die Formulierung *„Kaufpreis 15 000 €“* missverständlich: Sie besagt nämlich, dass der Kaufgegenstand *genau* 15.000 € kosten muss – weder mehr noch weniger. Gemeint ist aber normalerweise der *maximale* Kaufpreis und wäre er daher auch als solcher zu benennen.

4. *Kriteriengewichtung*
   Kennzeichnen Sie in der *Spalte G* durch entsprechende Faktoren, welche *Bedeutung* die einzelnen Kriterien für die Problemlösung haben. Da absolute Bedingungen einen besonders hohen Stellenwert haben, erhalten sie logischerweise stets den *Maximalwert 5.*

5. *Kriterienbewertung*
   Durch das Vergleichen der Kriterienziele mit ihren jeweiligen Kriterienausprägungen (beispielsweise Messwerte) ermitteln Sie die *Zielerreichungsgrade Z.* Tragen Sie diese als Zahlenwerte in die jeweiligen Spalten ein.

6. *Nutzwertberechnung*
   Durch Multiplikation der *Gewichtungsfaktoren G* mit den *Zielerreichungsgraden Z* errechnen Sie die einzelnen *Nutzwerte N.*

7. *Alternativenrangfolge*
   Durch senkrechte Addition aller errechneten Nutzwerte ergibt sich für jede Alternative ein *Gesamtnutzwert.* Die Gesamtnutzwerte ergeben schließlich eine Rangfolge der Lösungsalternativen. Die Alternative mit dem höchsten Zahlenwert wäre demzufolge für die Problemlösung auszuwählen.

Kombiniertes Verfahren

Die bisher beschriebenen Entscheidungstechniken dienen wahlweise der Risikoabwägung oder Nutzwertermittlung. Darüber hinaus gibt es aber auch Verfahren, die beide Zielsetzungen berücksichtigen.

Eine besonders unkomplizierte und mit geringstem Zeitaufwand anzuwendende Technik dieser Art ist die *Pro-und-Kontra-Liste.* Sie bietet sich vor allem an, wenn Entscheidungen zu *komplexen* Problemen mit einer *überschaubaren Zahl* von Lösungsmöglichkeiten zu treffen sind und man sich darauf beschränken will oder muss, diese mit *pauschalen* verbalen Argumenten zu beurteilen. Wenn beispielsweise zwischen mehreren strategischen Marketingkonzepten oder komplexen technischen Anlagensystemen zu wählen ist und eine differenzierte Kriterienbewertung der vielen Einflussfaktoren wegen zu aufwendig oder schlichtweg unmöglich wäre.

Bei derartigen Gruppenentscheidungen bietet sich die Technik vor allem immer dann an, wenn eine eindeutig begründet richtige oder falsche Entscheidung nicht zu erwarten ist, weil sehr unterschiedliche subjektive Einschätzungen der einzelnen Aspekte die Debatte bestimmen. Man sich daher schwertut, zu einem Beschluss zu kommen oder die Gruppe schließlich ratlos ist.

Die nachstehend abgebildete Liste ist als Hilfsmittel gut geeignet, um auch in Gruppen ohne besondere Methodenkenntnisse spontan eingesetzt zu werden, da sich das Verfahren schnell erklären lässt und auch ohne nennenswerten Materialaufwand auskommt. Zur Bewertung der Alternativen werden die Argumente für und gegen die einzelnen Möglichkeiten stichwortartig in einer Tabelle gegenübergestellt. Dadurch wird zumindest gewährleistet, dass keine entscheidungsrelevanten Teilnehmerbeiträge im weiteren Verlauf der Diskussion in Vergessenheit geraten. Außerdem schafft man sich ein übersichtliches Bild des Argumentenspektrums als Grundlage für die Beschlussfassung.

Normalerweise neigen Teilnehmer von Gruppenentscheidungen dazu, die Wichtigkeit ihres persönlichen Anliegens oder die Vorzüge eigener Ideen besonders hervorzuheben und manchmal auch überzogen hartnäckig zu verteidigen. Gegenargumente hingegen werden dann oftmals heruntergespielt und Vorschläge anderer Teilnehmer entweder ignoriert oder kompromisslos abgelehnt – mitunter sogar mittels unfairer Argumente oder unwahrer Behauptungen. Je komplexer das zu lösende Problem ist, desto vielfältigere und pauschalierende Argumente werden eingebracht und umso schwerer lassen sie sich entkräften.

Bei Verwendung der Pro-und-Kontra-Liste werden die Teilnehmer jedoch durch eine *systematische* Bearbeitung *aller* Tabellenfelder dazu veranlasst, sich auch mit den Vorschlägen anderer intensiv auseinanderzusetzen und deren eventuelle Vorzüge ebenfalls wahrzunehmen. Um nicht den Anschein fehlender Sachkenntnis oder mangelnden Engagements zu wecken, sind die Diskussionsteilnehmer dann mitunter sogar bereit, von sich aus auf Nachteile ihres eigenen Vorschlags hinzuweisen.

Die Pro-und-Kontra-Liste ist eine zwar wenig differenzierende Technik, dafür aber unkompliziert und wenig zeitaufwendig.

Die Technik erfordert folgende Arbeitsschritte:

1. *Entscheidungstabelle*
   Zum Notieren der eingebrachten Argumente ist eine Tabelle gemäß nachstehender Abbildung zu zeichnen. Wurde sie nicht schon vorsorglich erstellt, kann das in Minutenschnelle auch noch während der Besprechung geschehen. Zur Anregung und als Gedächtnisstütze für die Teilnehmer ist es empfehlenswert, die Tabelle für *alle sichtbar* vorzusehen. Je nach Verfügbarkeit kommen dafür in Betracht:
   - Flipchart
   - Moderationswand mit Stichwortkarten
   - Overhead-Projektor
   - Laptop und Beamer
   - Aktives Whiteboard

   Durch die Visualisierung entwickelt sich der Entscheidungsprozess *vor aller Augen* und dient die Darstellung den Diskussionsteilnehmern zur *Erinnerung* an die bereits eingebrachten Argumente. Das trägt zur zielbewussten Struturierung des Prozesses bei und ist somit gleichzeitig ein hilfreiches Steuerungsinstrument für den Moderator.

Lösungs-alternative	Pro-Argumente	Kontra-Argumente
Alternative 1:		
Alternative 2:		
Alternative 3:		

2. *Alternativeneintrag*
   In der ersten Tabellenspalte sind die in Frage kommenden *Lösungsalternativen* sowie ggf. auch deren *Lösungsziele* aufzuführen.
3. *Argumentation*
   Werden zu erwägende Argumente für oder wider einzelne Alternativen vorgetragen, sind sie *unverzüglich* in den entsprechenden Feldern der Liste zu vermerken.
4. *Die Entscheidung*
   Sind alle Argumente eingebracht, sollte man sie noch einmal anhand der Liste durchgehen und sie erfor-

derlichenfalls ergänzen, um schließlich die als Problemlösung am geeignetsten erscheinende Alternative auszuwählen.

Zwar kommt es auch bei dieser Vorgehensweise nur zu einem sehr pauschalen und möglicherweise auch sehr emotionsgeprägten Entscheidungsergebnis. Doch ist durch das Verfahren immerhin sichergestellt, dass wirklich *sämtliche* Argumente angemessen zur Sprache kommen konnten und bei der Beschlussfassung *berücksichtigt* werden.

Allerdings sollte man sich nicht dazu verleiten lassen, sich für ein Alternative zu entscheiden, nur weil für sie die meisten Pro- bzw. wenigsten Kontra-Argumente vermerkt sind. Die Textmenge ist noch kein Beweis für die Qualität der Einträge!

Schon eine simple Pro-und-Kontra-Liste kann dazu beitragen, schwierige Entscheidungsprozesse zu versachlichen und die notwendige Kompromissbereitschaft zu wecken.

9. Was ist für mich der richtige Beruf?

Berufe in Zeiten des ständigen Wandels

In früheren Zeiten existierten hierzulande die meisten Unternehmen viele Jahrzehnte und war es somit eine Normalität, während des gesamten Berufslebens in ein und demselben Betrieb zu arbeiten.

Doch durch die permanenten technischen, gesellschaftlichen und wirtschaftlichen Veränderungen der letzten Jahrzehnte hat sich diesbezüglich ein dramatischer Wandel vollzogen. So schaffen Entwicklungen wie Globalisierung und Digitalisierung flächendeckend neue Voraussetzungen für das unternehmerische Handeln. Durch die dadurch bedingten häufigen Umorganisationen, Fusionen sowie Insolvenzen von Unternehmen und dem damit meist einhergehenden Personalabbau gehen ständig Arbeitsplätze verloren, werden aber auch neue, meist jedoch andersartige geschaffen.

> **Eine lebenslange Beschäftigung im selben Betrieb kann heutzutage niemand mehr erwarten.**

Häufiger Wandel von Berufsbildern

Hinzu kommt, dass man früher davon ausgehen konnte, bis zum Ruhestand in seinem erlernten Beruf zu arbeiten und dabei mit den einmal erworbenen Fachkenntnissen auszukommen. Die rasanten Wandlungsprozesse erfordern heutzutage jedoch sowohl von den Wirtschaftsunternehmen als auch öffentlichen Verwaltungen häufige Änderungen ihrer Produktangebote und Arbeitsverfahren. Demzufolge müssen sie auch ihre Arbeitsplatzanforderungen entsprechend anpassen, was sich natürlich auch in den Berufsbildern niederschlägt.

Aktuell arbeitet etwa ein Drittel der Beschäftigten in Deutschland in einem Beruf, der nicht oder nur wenig dem Berufsbild der ursprünglichen Berufswahl gleicht. Man spricht deshalb heute statt von Berufskarrieren, eher von Kompetenzkarrieren. Also von Berufswegen, die lebenslanges Lernen erfordern, um auch bei sich ändernden Anforderungen einsetzbar zu bleiben.

Ein Wechsel des Berufs während der späteren Berufstätigkeit geht zwar stets mit einiger Ungewissheit und persönlichen Bedenken einher, bietet aber auch neue Perspektiven sowie Chancen und kann zur Steigerung der Lebensqualität führen. Möglicherweise hat man in den Jahren zwischen dem Berufseinstieg und dem Zeitpunkt des Wechsels neue Interessensfelder entdeckt oder haben sich die persönlichen Prioritäten und Ziele geändert. Diese können dann bei einer beruflichen Umorientierung eventuell zum Tragen kommen.

Die erste Wahl des Berufs kann heutzutage nur noch selten eine lebenslang optimale Perspektive sein.

Aufgrund der sich ändernden Tätigkeitsinhalte hat die Vielfalt der Berufsbilder ständig zugenommen, sodass die Berufslandschaft mittlerweile nahezu unüberschaubar geworden ist.

Es gibt zurzeit in Deutschland rund 350 duale Ausbildungsberufe, die den Schulabgängern offen stehen. Allerdings wird in der Praxis oft ein bestimmter Schulabschluss verlangt, obwohl dies gesetzlich nicht vorgesehen ist. Für Abiturienten ist das Spektrum noch größer, denn hier kommen neben den dualen und schulischen Berufen noch über 550 duale Studiengänge hinzu, bei denen sich ein Studium mit einer beruflichen Ausbildung verbindet.

Im Wintersemester 2019/20 wurden an deutschen Hochschulen rund 20.000 Studiengänge angeboten. Damit sind seit 2007 rund eintausend hinzugekommen! Ebenso steigt die Zahl der eingeschriebenen Studierenden stetig.

> **Um dennoch realistische Berufswünsche zu entwickeln, sollte man sich zumindest über die gängigsten Berufsbilder sowie ihre Anforderungen und Zukunftschancen bestmöglich informieren.**

Bedürfnis- und eignungsgerechte Berufswahl

Die individuelle Berufswahl ist eine der entscheidenden Weichenstellungen für ein erfolgsbewusstes und beglückendes Lebensgefühl. Blickt man später auf ein unbefriedigendes Berufsleben zurück, kann sich eine falsche Berufswahl sogar noch auf die Lebensqualität im Ruhestand negativ auswirken! Gelingt es einem dann nach der Zurruhesetzung nicht, die negativen Erinnerungen durch neue erfüllende Aufgaben oder Hobbys zu kompensieren, mindern sie selbst noch im Alter das Lebensglück.

Wie wichtig eine wohlüberlegte Entscheidung für den eigenen beruflichen Lebensweg ist, offenbart auch eine Online-Erhebung von *Professor Dr. Martin-Niels Däfler* bei rund 1.500 Personen, wonach fast zwei Drittel der deutschen Beschäftigten mit ihrer Arbeit unzufrieden sind. *(Quelle: Däfler, M. N., Frankfurter Allgemeine Zeitung, Nummer 61/2017.)*

Bei einer ähnlichen Umfrage des Karriereportals *Monster* mit 944 Personen antworteten auf die Frage „Würden Sie den gleichen Beruf noch einmal ergreifen?“

- 51 %: „Ich würde etwas komplett anderes machen."
- 28 %: „Ich würde die gleiche Richtung einschlagen, aber bei meiner Ausbildung zielgerichteter sein."

(Quelle: http://info.monster.de)

Auf die Frage was der „richtige" Beruf ist, kann es keine allgemeingültige Antwort geben, da hierfür viele höchst individuelle Bedürfnisse, Veranlagungen und Bildungsvoraussetzungen entscheidend sind.

Eine grundsätzliche Schwierigkeit sehr komplexer Entscheidungsprozesse liegt darin, dass durch die vielen Entscheidungskriterien sowie Lösungsalternativen unser Gehirn schnell überfordert wird. Es ist nicht in der Lage, die vielen Entscheidungsgrößen gedanklich gleichzeitig miteinander zu vergleichen, um zu ausreichend begründeten Beurteilungen zu kommen. Auch bei der Entscheidung für einen Beruf ist eine derartige komplizierte Ausgangssituation gegeben:

Zum einen gibt es – wie eingangs geschildert – eine nahezu unüberschaubare Zahl von Berufsbildern aus denen man wählen kann. Zum anderen soll der gewählte Beruf den zahlreichen unterschiedlichen persönlichen Belangen gerecht werden, aber auch keine überfordernden Anforderungen stellen!

Geht man systematisch vor und bedient sich zweckdienlicher Entscheidungstechniken, ist es trotz der Berufevielfalt möglich, eine zufriedenstellende Auswahlentscheidung zu treffen.

Das Kapitel 8 zum Lösen persönlicher Probleme behandelt die allgemeinen Grundsätze hierzu und schildert einige hilfreiche Methoden und Techniken. Im Folgenden wird der Einsatz zwei dieser für die Berufswahl Techniken vorgestellt.

Folgerichtiger Entscheidungsprozess

Um bei der Suche nach der geeignetsten Berufsart die in Frage kommenden Alternativen ihrem Nutzwert entsprechend bewerten und in eine Rangfolge bringen zu können, empfiehlt es sich gemäß dem nachstehend dargestellten Phasenmodell vorzugehen.

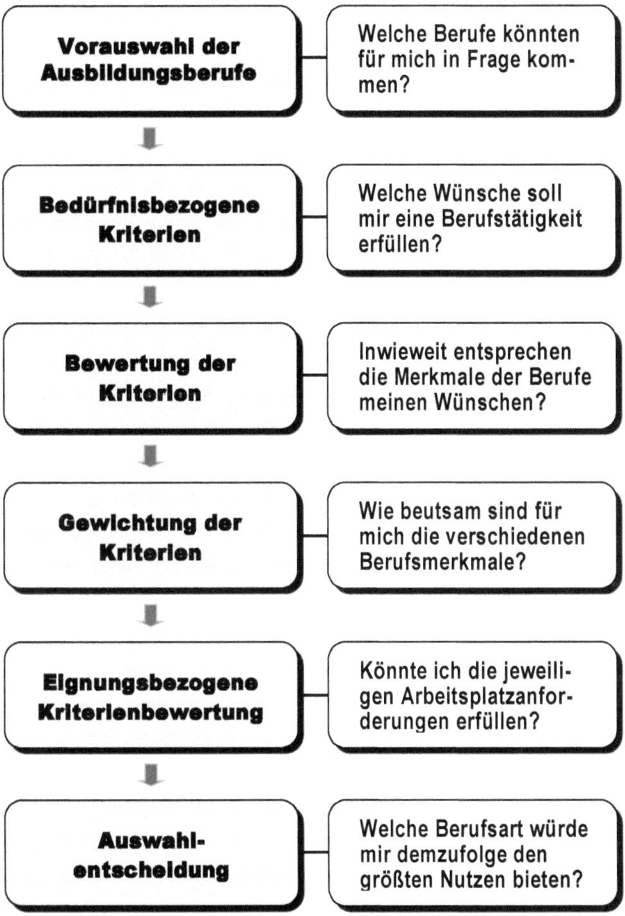

Berufswahl durch Rangreihenbildung

Die unkomplizierte und wenig arbeitsaufwendige Rangreihenbildung ist für pauschale Entscheidungen wie die Berufswahl eine besonders empfehlenswerte Technik. Wollen Sie jedoch zu einem differenzierteren Entscheidungsergebnis gelangen, können Sie auch eine der im Kapitel 8 behandelten anspruchsvolleren Techniken der Nutzwertermittlung wählen. Gehen Sie beim Ausfüllen der Rangreihentabelle folgendermaßen vor:

1. *Vorauswahl der Ausbildungsberufe*
   Überlegen Sie sich zunächst, welche Berufsarten für Sie überhaupt in Frage kommen könnten. Auf der Webseite des Bundesinstituts für Berufsbildung *(www.bibb.de)* kommen Sie über das Navigationsstichwort *Berufesuche* zu einer Auflistung sämtlicher Ausbildungsberufe. Vereinfachen Sie sich die Tabelleneinträge indem Sie bei Ihrer Auswahl nur Berufe berücksichtigen, die Sie bei realistischer Betrachtung tatsächlich in die *engere Wahl* nehmen wollen, und tragen Sie diese in die senkrechten Felder der zweiten Tabellenzeile ein.
2. *Entscheidungskriterien*
   Zu den Kriterien zählen Ihre übergeordneten persönlichen Lebensziele, die Sie für Ihren künftigen Lebenswegs haben. Nämlich wie sich Ihr Leben gestalten soll, was Sie im Lauf des Lebens erreichen und als was Sie gelten wollen. Außerdem gehören hierzu alle konkreten materiellen sowie emotionalen Bedürfnisse, die Sie sich durch Ihren Beruf befriedigen wollen und tragen Sie diese in die Kriterienspalte der Tabelle ein. (Beispielhaft sind bereits einige *typische* Kriterien aufgeführt.)
3. *Bewertung und Alternativenrangfolge*
   Bilden Sie nun zu jedem Kriterium durch Ziffern Ihre nutzwertgemäße Rangfolge der Berufe (höchstbewerteter mit der Ziffer 1). Die Addition aller Ziffern ergibt schließlich Ihre Gesamtrangfolge.

Rangreihenbildung für die Berufswahl						
Berufsarten → / Entscheidungskriterien ↓						
Soziale Belange (Gesundheit, Wohltätigkeit)						
Belange des Umweltschutzes						
Notfallhilfe (Feuerwehr, Rettungsdienste)						
Öffentl. Sicherheit (Polizei, Gebäudeschutz)						
Recht und Ordnung (Justiz, Anwälte)						
Einkommenshöhe (Gehalt, Lohn, Zulagen)						
Altersvorsorge (Pension, Rente)						
Arbeitsplatzsicherheit (Kündigungsfristen)						
Arbeitszeitregelungen, Urlaubsmöglichkeiten						
Arbeitsinhalte (Gestaltungsmöglichkeiten)						
Selbstständigkeit, Entscheidungsfreiheit						
Gestaltungsmöglichkeiten, kreatives Arbeiten						
Körperliche und nervliche Belastung						
Menschliche Kontakte (Teamarbeit, Verkauf)						
Gesellschaftliches Ansehen (Berufsimage)						
Betriebsinterner Status (Hierarchie-Position)						
Entwicklungs- und Aufstiegsmöglichkeiten						
Summen der Rangziffern						
Rangfolge der Berufsarten						

Berufswahl durch Nutzwertanalyse

Für eine präzisere Entscheidungsvorbereitung bietet sich unter anderem die *Nutzwertanalyse* an. Übernehmen Sie dazu aus der Rangreihentabelle diejenigen Berufsarten, die darin die *vorderen Ränge* erzielt hatten.

Nutzwertanalyse für die Berufswahl	Datum:

Kriteriengewichtung (G): Bedeutung hoch = 3 Punkte → mittelmäßig = 2 Punkte gering = 1 Punkt

Kriterienbewertung (Z): Zielerreichung gut = 3 Punkte → befriedigend = 2 schlecht = 1 Punkt

Berufsarten → / Entscheidungskriterien ↓									
Berufsziele, Tätigkeitsmerkmale (**G**ewichtung x **Z**ielerreichung = **N**utzwert)	**G**	**Z**	**N**	**Z**	**N**	**Z**	**N**	**Z**	**N**
Soziale Belange (Gesundheit, Wohltätigkeit)									
Belange des Umweltschutzes									
Notfallhilfe (Feuerwehr, Rettungsdienste)									
Öffentl. Sicherheit (Polizei, Gebäudeschutz)									
Recht und Ordnung (Justiz, Anwälte)									
Einkommenshöhe (Gehalt, Lohn, Zulagen)									
Altersvorsorge (Pension, Rente)									
Arbeitsplatzsicherheit (Kündigungsfristen)									
Arbeitszeitregelungen, Urlaubsmöglichkeiten									
Arbeitsinhalte (Gestaltungsmöglichkeiten)									
Selbstständigkeit, Entscheidungsfreiheit									
Gestaltungsmöglichkeiten, kreatives Arbeiten									
Körperliche und nervliche Belastung									
Menschliche Kontakte (Teamarbeit, Verkauf)									
Gesellschaftliches Ansehen (Berufsimage)									
Betriebsinterner Status (Hierarchieebene)									
Entwicklungs- und Aufstiegsmöglichkeiten									
Gesamt-Nutzwerte									

Auf Seite 155 sind die Bearbeitungsregeln dieser Technik detailliert geschildert.

Die endgültige Auswahlentscheidung

Allerdings sollten Sie Ihre endgültige Berufswahl nicht alleine aufgrund errechneter Nutzwerte treffen, denn die bedürfnisbezogene Bewertung ist nur ein Teil des Entscheidungsprozesses.

Bei der Berufswahl gilt es außerdem einzuschätzen, inwieweit Sie bei nüchterner Betrachtung meinen, die nötigen persönlichen *Eigenschaften* und *Fähigkeiten* zu besitzen, um die jeweiligen Arbeitsplatzanforderungen erfüllen zu können. Gelangen Sie zu der Einsicht, dass Ihr persönliches Qualifikationsprofil zu wenig dem Anforderungsprofil der höchstplatzierten Berufsart entsprechen würde, sollten Sie sich überlegen, ob nicht eine der nächstplatzierten eher zu Ihnen passen würde.

> **Unrealistische Wünsche sind keine tauglichen Ziele für die Lebens- oder Berufsplanung!**

Sollten Sie aber trotz einer voruteilslos und realitätsbezogen ermittelten Berufsart immer noch ein ungutes Gefühl haben, sollten Sie sich fragen, was der Grund dafür sein könnte. Vielleicht könnten Sie sich in diesem Beruf trotz Ihrer gründlichen Überlegungen einfach nicht wiederfinden – möglicherweise entsprächen dessen typische Merkmale eben nicht Ihrem *Selbstverständnis* bzw. könnten sie Ihnen keine ausreichende Befriedigung verschaffen. Vielleicht hatten Sie es versäumt, eine *unbewusste* persönliche Stärke oder Neigung bei der Bewertung der ins Auge gefassten Berufe zu berücksichtigen.

> **Wie auch immer, sollten Sie sich nicht vorschnell gegen Ihr „Bauchgefühl“ entscheiden.**

Im Zweifel sollten Sie sich dann einen Beruf aussuchen, der in Ihrer Entscheidungstabelle ebenfalls einen hohen Rang erzielt hatte und Ihnen insgesamt sympathischer erscheint.

Berufliche Veränderung und Weiterentwicklung

Zielbewusste Karrierestrategie

Nachdem Sie sich in Ihrem Beruf hinreichend etabliert haben, sollten Sie sich zu gegebener Zeit einmal darüber Gedanken machen, inwieweit Sie sich mit ihrer momentanen Situation zufrieden geben wollen oder auch mal andere Aufgaben übernehmen sollten und sich beruflich weiterentwickeln. Dazu sollten Sie sich gegebenenfalls folgende Fragen vorlegen:

- „Habe ich rückblickend die zu mir passende und mich zufriedenstellende Berufstätigkeit gewählt?“
- „Kann ich bei meinen momentanen Arbeitsaufgaben meine Kreativität hinreichend einbringen, mich verwirklichen und an ihnen wachsen?“
- „Gibt es in meinem derzeitigen Unternehmen bzw. Unternehmensbereich attraktive Aufstiegsmöglichkeiten?“
- „Bietet mir meine derzeitige berufliche Situation ausreichende Verdienstmöglichkeiten, um mir meine vorrangigen persönlichen Wünsche erfüllen zu können?“
- „Lässt mir meine Berufstätigkeit genügend zeitlichen Spielraum für mein Privatleben?“
- „Fühle ich mich bei der Art meiner Berufstätigkeit zu sehr fremdbestimmt und würde lieber eigenverantwortlicher arbeiten oder sollte ich mich sogar in die Selbstständigkeit begeben?“
- „Hatte ich mir realistische Berufsziele gesetzt?“
- „Sollte ich mich ggf. noch einmal neu orientieren?“

Bei der Vielfalt und dem permanenten Wandel der heutigen Berufswelt wäre es nicht verwunderlich, wenn Sie bei der Beantwortung der Fragen zu der Einsicht gelangt sind, dass Sie an Ihrer derzeitigen beruflichen Situation eigentlich etwas ändern sollten.

Doch hilft diese Erkenntnis nur weiter, wenn Sie daraus auch die notwendigen *Konsequenzen* ziehen. Nicht wenige Menschen bringen in einer derartigen Lage nicht die Kraft auf, sich mit ihrem Problem aktiv auseinanderzusetzen und die nötigen Schritte zu unternehmen. Möglicherweise weil sie folgende Befürchtungen hegen:

- Sie durch eine grundlegende Veränderung der momentanen Situation auf bestimmte Vorteile verzichten müssten.
- Sich eine anderweitige Berufstätigkeit als noch negativer erweisen könnte.
- Man sich mit schwierigen oder unbequemen Veränderungsproblemen befassen müsste.
- Man wahrscheinlich ohnehin keine lohnenswerten Veränderungschancen haben würde.

Schieben Sie eine Veränderungsabsicht nicht so lange vor sich her, bis Sie sich nicht mehr zu einer Verwirklichung aufraffen können oder manche günstige Veränderungschance verpasst haben.

Flexibilität und Risikobereitschaft sind im Berufsleben normalerweise den positiven Persönlichkeitseigenschaften zuzurechnen. Geht es jedoch um eine grundlegende berufliche Zukunftsplanung, darf Flexibilität nicht zu *unkritischer* Spontanität führen sowie Risikobereitschaft nicht zu leichtfertiger *Waghalsigkeit.* Andernfalls kann es dazu kommen, dass Sie durch einen Wechsel letztlich mehr verloren haben als Sie gewinnen konnten. Daher sollten Sie sich nicht aus einer momentanen Verärgerung heraus zu einem Tätigkeits- oder Arbeitgeberwechsel entschließen. Vielmehr sollten Sie mit dem nötigen emotionalen Abstand zunächst kritisch prüfen, ob die von Ihnen empfundenen Mängel tatsächlich schwerwiegend genug sind, um die in den meisten Fällen gegebenen Risiken eines beruflichen Wechsels zu rechtfertigen.

Gehen Sie bei Ihren Überlegungen in den genannten Schritten vor und schreiben Sie Ihre Erkenntnisse nieder, damit sie verbindlicher wirken und Sie sich diese später noch einmal in Erinnerung bringen können.

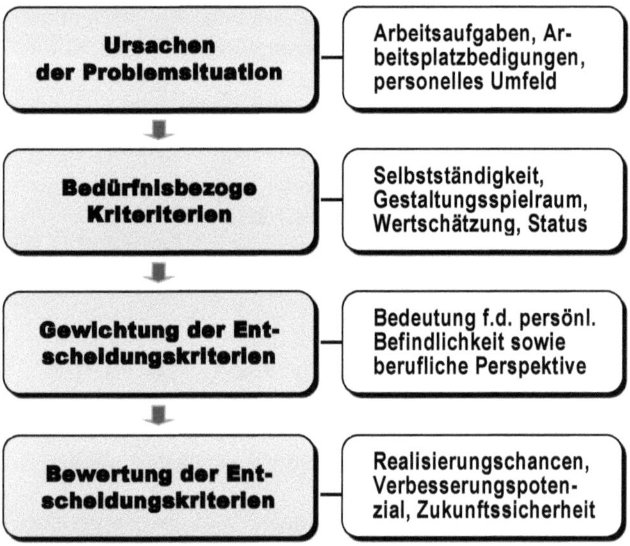

Möglichkeiten der beruflichen Weiterbildung

In unserer Zeit des stetigen Wandels in der Berufswelt kommt der beruflichen Weiterbildung eine hohe Bedeutung zu. Nicht ohne Grund hält man heutzutage lebenslanges Lernen für erforderlich, um die eigenen Arbeitsmarktchancen zu wahren.

Betriebsinterne Fortbildungsmaßnahmen
Arbeitgeber erwarten von ihren Mitarbeitern ein aktuelles Fachwissen und Qualifikationen auf höchstmöglichem Niveau.

Manche Unternehmen bieten daher innerbetriebliche Fortbildungsmaßnahmen an oder machen deren Teilnahme sogar zur Pflicht. Große Unternehmen haben dazu oftmals besondere Personalentwicklungsabteilungen – mitunter auch mit eigenen Lehrkräften. Werden die Maßnahmen auf der Basis der *Freiwilligkeit* angeboten, sollten Sie dennoch jede Gelegenheit dazu *wahrnehmen*, um auf diese Weise ohne eigene Kosten etwas für sich zu tun.

Externe Weiterbildungsmöglichkeiten
Führen Unternehmen keine innerbetrieblichen Bildungsmaßnahmen durch, so schicken manche ihre Mitarbeiter stattdessen zu Veranstaltungen externer Anbieter. Oder sie stellen es den Mitarbeitern frei, sich *selbst* geeignete Bildungsangebote zu suchen und übernehmen dann die anfallenden Kosten.

Bietet Ihr Arbeitgeber keinerlei Weiterbildungsmöglichkeiten, sollten Sie sich im Interesse Ihrer beruflichen Entwicklung *eigeninitiativ* darum bemühen. Sie sollten sich nach geeigneten Lehrgängen, Kursen oder Seminaren umsehen und auch bereit sein, dafür Zeit und Kosten zu investieren. Irgendwann zahlt sich jede Anreicherung der beruflichen Fähigkeiten aus. Auch wenn Sie damit momentan keine Beförderung oder Einkommenssteigerung in Ihrer Firma erzielen können, wird Ihnen dadurch mit Sicherheit die Arbeit leichter fallen,

- werden Sie somit häufiger Erfolgserlebnisse haben und
- mehr Anerkennung erfahren.

Außerdem verbessern Sie dadurch Ihre Chancen, falls Sie sich irgendwann doch einmal zu einem Arbeitgeberwechsel entschließen sollten – oder es wegen Verlust des Arbeitspaltzes sogar müssen!

In handwerklichen Berufen ist der Erwerb des Meisterbriefs eine typische Art der Zusatzqualifikation, die attraktive berufliche Perspektiven eröffnet. So berechtigt er zum selbständigen Betrieb eines zulassungspflichtigen Handwerks, zum Ausbilden von Lehrlingen sowie zum Führen des Titels „Meister“.

Fernunterricht und Fernstudium

Eine besondere Form der Weiterbildung ist der Fernunterricht bzw. das Fernstudium. Insbesondere für berufstätige Alleinerziehende sind es praktikable Alternativen.

Bei den klassischen Fernlehrgängen erhalten die Lernenden Lehrmaterialien bzw. Studienhefte zugeschickt, die sie selbstständig zu bearbeiten haben. Ein Fernlehrer – auch Tutor genannt – bietet eine persönliche Betreuung, indem er für Zwischenfragen zur Verfügung steht, den erzielten Wissensstand anhand von Einsendeaufgaben überprüft und kommentiert. Mitunter enthält ein Fernlehrgang auch Präsenzphasen.

E-Learning

Eine heutzutage häufig angebotene Variante sind Fernlehrgänge bzw. -kurse, bei denen die Lernmaterialien, Einsendeaufgaben und deren Korrekturen über das *Internet* ausgetauscht werden. Die Kurse ermöglichen meist auch einen Onlineaustausch der Teilnehmer untereinander. Sind auch Präsenzphasen vorgesehen, spricht man auch von *Blended-Learning-Kursen*.

Fernstudium

Fernstudien sind hinsichtlich des Austauschs der Lernmaterialien ähnlich organisiert wie Fernlehrgänge. Im Unterschied zu Fernlehrgängen werden hierdurch jedoch vor allem *akademische* Abschlüsse erworben. Außerdem sind in einem Fernstudium Klausuren zu schreiben und Prüfungen abzulegen, für die häufig die Präsenz in einem örtlichen Studienzentrum obligatorisch ist. Will man ein Fernstudium nicht neben einer Berufstätigkeit, sondern in Vollzeit absolvieren, sollte man hierfür mindestens 20 bis 30 Stunden pro Woche veranschlagen.

Auch ohne Einkommens- oder Statusverbesserung erhöht eine Weiterqualifizierung die Arbeitsfreude sowie Zufriedenheit und trägt zur Arbeitsplatzsicherung bei.

Übernahme von Führungsaufgaben

Häufig wird die Meinung vertreten, Führen könne man ohnehin nicht lernen, sondern man müsse dazu *geboren* sein. Entweder man hat es oder hat es nicht! Bezeichnenderweise sind es nicht selten Manager in gehobenen Positionen, die sich in dieser Weise äußern, sie *selbst* aber keineswegs positive Führungsqualitäten aufweisen. Sie zwar auch ohne systematische Führungsqualifikation weit gekommen sind, oft jedoch nur durch Glück, Beziehungen oder Rücksichtslosigkeit.

Ebenso weit verbreitet ist die Meinung, zum Führen bedürfe es einer spezifischen Persönlichkeitsstruktur – müsse man ganz bestimmte *Charaktereigenschaften* besitzen. Tatsache ist aber, dass unter den erfolgreichen Führungskräften völlig *unterschiedliche* Charaktere anzutreffen sind. Maßgebend ist vielmehr, um was für einen Führungsbereich es sich handelt, welche Führungsmethoden und -maßnahmen man als Führungskraft einsetzt und wie man sich im Umgang mit seinen Mitarbeitern *verhält.*

Es ist nicht entscheidend, wie man als Führungskraft „ist“, sondern wie man „handelt“.

Sicher gibt es einige genetisch bedingte Persönlichkeitseigenschaften, die zum Führen prädestinieren und andere, die einem überzeugenden Führungsverhalten im Weg stehen. So wie es in jedem Beruf ausgesprochen begabte und damit besonders erfolgreiche Beschäftigte gibt, andererseits aber auch von ihren Grundanlagen her weniger geeignete. Es gibt stets einige, die Meister ihres Fachs werden und andere, die trotz allen Bemühens nur einfachere Aufgaben bewältigen.

Natürlich gibt es mitunter auch besonders herausragende, sogenannte *charismatische* Führungspersönlichkeiten. Daneben gibt es aber die große Zahl von erfolgreichen Führungskräften *ohne* herausragende Charaktereigenschaften, die ihre alltäglichen Führungsaufgaben dennoch sehr effizient wahrnehmen. Nämlich solche, die sich ein fundiertes *Führungswissen* sowie zweckmäßige *Verhaltensweisen* angeeignet haben.

Wer Tischler werden will – also eine Fachkraft für die Bearbeitung von Holz – muss eine dreijährige Lehrzeit absolvieren. Doch für den erfolgreichen Umgang mit dem „Material Mensch“ gibt es dazu selbst an den Hochschulen nur selten qualifizierende Lehrangebote. Und das obwohl die Mitarbeiterführung in den letzten Jahrzehnten erheblich schwieriger geworden ist!

Auch heute noch wird in Unternehmen von Führungsnachwuchskräften oft erwartet, die nötigen Führungsfähigkeiten von Hause aus mitzubringen, ohne sich um deren Qualifikation zu kümmern und ihnen eine kontinuierliche Einarbeitung zu ermöglichen. Wie jeder andere anspruchsvolle Beruf, erfordert aber auch erfolgreiches Führen ein entsprechendes Basiswissen sowie ein zweckdienliches Repertoire an Techniken und Instrumenten. Dieses notwendige Potenzial fällt einem jedoch nicht von alleine zu, sondern muss erst *erlernt* und *geübt* werden.

Erst ein fundiertes Führungswissen verleiht einem die nötige *Sicherheit*, um Mitarbeiter überzeugend und motivierend führen zu können – um von ihnen als Autorität im positiven Sinn respektiert zu werden. Die wegen fehlender Bildungsangebote häufige Praxis des *Learning by Doing* führt oftmals zu schmerzlichen *Misserfolgserlebnissen* der betreffenden Führungskräfte. Aber auch zu finanziellen und menschlichen Folgeschäden für die Unternehmen und deren Mitarbeiter.

Führungskraft zu sein ist keine Berufung, sondern ein durchaus erlernbarer Beruf – nur leider ohne geregelte Ausbildung.

Rollenverhalten als neue Führungskraft

Es reicht jedoch alleine nicht aus, einen Führungsposten erlangt zu haben, sondern erfordert es auch, sich in der neuen Position möglichst bald zu bewähren und diese abzusichern. Dabei können die nachstehenden besonderen Handicaps einer noch unerfahrenen Führungskraft den erfolgreichen Start in die neue Aufgabe erheblich erschweren:

- Geringes Lebensalter
- Rollenwechsel vom Kollegen zum Vorgesetzten

Um daraus resultierenden Mitarbeiterwiderständen vorzubeugen bzw. bestehende abzubauen, sollten Sie sich als neue Führungskraft besonders mitarbeiterorientiert verhalten und im Zweifel eher fragen, statt zu behaupten. Tatsächliche Kenntnismängel sollten Sie offen eingestehen und die Mitarbeiter – ihre Erfahrungen ausdrücklich anerkennend – um Rat fragen. Das bedeutet jedoch nicht, keine eigenen Meinungen zu äußern oder fragwürdigen Mitarbeiteransichten zuzustimmen. Sind geäußerte Mitarbeitermeinungen nicht überzeugend, sollten Sie diese nachdrücklich hinterfragen und begründen lassen.

Mitarbeiter nach ihrer Meinung zu fragen, bedeutet noch lange nicht, die eigene aufzugeben.

10. Wie kann ich stressresistent werden?

Der natürliche Stressmechanismus

Stress ist ein lebenswichtiger *Verteidigungs-* und *Arterhaltungsmechanismus,* der sich im Lauf der Evolution sowohl beim Menschen als auch bei allen höheren Tierarten herausgebildet hat. Er dient dem Schutz des Einzelwesens bei Gefahren, sorgt aber auch für eine Dezimierung der Gruppe bei Gefahr einer Überbevölkerung.

Nimmt ein Mensch mit seinen Sinnesorganen *Gefahrensignale* wahr (bedrohliche Bilder, Bewegungen, Laute, Hitze), konditioniert ihn der Stressmechanismus auf körperliche *Aktivität* – auf Angriff oder Flucht. Sämtliche Energiereserven des Körpers werden dafür mobilisiert. Hingegen werden Körperfunktionen, die für die spontane Gefahrenabwehr nutzlos sind, im Interesse der Energieersparnis gedrosselt. Der Bedrohte kann dadurch mit außergewöhnlicher Kraft und Schnelligkeit handeln.

Auch das *Denken* wird vorübergehend reduziert oder sogar total blockiert, damit der Mensch bei gefährlichen Geschehnissen *reflexartig* reagiert, ohne lange zu überlegen.

Bei den heutzutage oft nichtkörperlichen Bedrohungen (zum Beispiel berufliche Versagensfolgen) werden meist *mentale Fluchtreaktionen* ausgelöst: Flucht in Resignation bis hin zu Depressionen. Zwar werden bei gedanklich-geistigen Reaktionen keine gesteigerten Körperkräfte abverlangt, werden aber dennoch zahlreiche *körperliche Reaktionen* ausgelöst wie zum Beispiel reflexartige Muskelanspannungen, Erhöhung der Herzfrequenz und Atmung oder Schweißausbrüche.

Der Stressmechanismus ist ein wichtiges naturgegebenes Überlebensprogramm.

Stress und vegetatives Nervensystem

Während unser bewusstes Handeln (Gehen, Greifen, Heben usw.) über das *motorische* Nervensystem abläuft, werden unsere unbewusst verlaufenden lebenswichtigen Organfunktionen wie Atmung, Blutkreislauf oder Verdauung über das *vegetative (autonome)* Nervensystem gesteuert und koordiniert. Dieses wiederum verzweigt sich in zwei Teile – den *sympathischen* und den *parasympathischen*. Sie haben gegensätzliche Funktionen und halten durch ihr Zusammenspiel das vegetative Gleichgewicht des Körpers aufrecht.

Der Sympathikus
Der Sympathikus ist derjenige Teil des vegetativen Nervensystems, der für *Aktivität* und Leistung sorgt. Er regt dazu verschiedene Körperfunktionen wie Herztätigkeit oder Atmung an. Funktionen, die für spontane körperliche Höchstleistungen nicht notwendig sind, werden dagegen im Interesse des Energiesparens *gedrosselt* (zum Beispiel Magen- und Darmtätigkeit, Genitalfunktionen).

Der Parasympathikus
Dieser Teil des Nervensystems hat wiederherstellende Funktionen und sorgt für *Entspannung* und Erholung. Auch *Vagus* genannt, verlangsamt er die vom Sympathikus aktivierten Organfunktionen wieder und fördert diejenigen, durch die neue Energiereserven aufgebaut werden können (zum Beispiel die Produktion von Verdauungssäften und Insulin, Entleerung von Darm und Harnblase).

Die Körperreaktionen werden ausgelöst, indem bei der Wahrnehmung eines Stressreizes einige Organe angeregt werden, bestimmte Botenstoffe (sogenannte *Stresshor-*

mone wie z.B. *Adrenalin)* ins Blut zu geben, die wiederum zu den genannten körperlichen Reaktionen führen.

Stressauslöser und Stressfolgen

Ursachen und Arten von Stress

Stress wird sowohl durch *körperliche* als auch *seelische* Belastungen erzeugt. Dabei können diese Belastungen vom Betroffenen durchaus auch *positiv* empfunden werden.

Stressauslösende Beanspruchungen können sein:

- Körperlich belastende Arbeiten, Treppensteigen, Hunger, Hitze, Schmerzen
- Seelische Belastungen wie Angst, Kummer, Streit, Terminnot, Lernzwänge, berufliche Probleme
- Aber auch positiv bewertete Situationen wie Reisen, Sport, Tanzen, Sauna, überaus freudige Überraschungen, große Begeisterung – es kommt tatsächlich vor, dass sich Leute „totlachen" oder beim Siegtor ihres Fußballvereins einen Herzinfarkt erleiden!

Alle derartigen Belastungen bewirken beim betroffenen Menschen einen sich steigernden Bedarf, wieder „normale" Zustände herzustellen oder sich den neuen Gegebenheiten anzupassen. Sie setzen ihn unter *Anspannung* bzw. *Anpassungszwang*.

Im allgemeinen Sprachgebrauch werden jedoch diese lebenserhaltenden Anpassungsvorgänge nicht als Stress verstanden, ebenso wenig diejenigen Erlebnisse, die als positiv empfundenen werden. Vielmehr wird der Begriff fast immer im *negativen* Sinn gebraucht. Es ist damit im Allgemeinen der übermäßige, als unangenehm erlebte Stress mit seinen schädlichen Folgen gemeint.

In der Wissenschaft jedoch werden zwei verschiedene Fachbegriffe verwendet, um zwischen angenehm und unangenehm empfundenem Stress eindeutig unterscheiden zu können:

- Eustress *(griechisch „eu" = „gut")*
  Es ist der als angenehm empfundene Stress.
- Disstress *(lateinisch „dis" = „negativ")*
  Dieses ist hingegen der als unangenehm empfundene, mitunter sogar krankmachende Stress.

Dauerstress als schädlichste Ursache

Die medizinischen Folgen von Dauerstress sind körperlicher wie seelischer Natur: Er kann beispielsweise sowohl Arterienverkalkungen und Diabetes, aber auch Esssucht und Depressionen begünstigen. Gemäß einer von der Techniker Krankenkasse 2016 durchgeführten Studie fühlten sich die Befragten wie folgt unter Druck gesetzt:

46 % durch den Beruf

43 % durch eigene hohe Ansprüche

30 % durch zu viele Termine in der Freizeit

28 % durch die ständige Erreichbarkeit durch Handy, Facebook und Co.

Die meisten psychisch bedingten Krankschreibungen sind denn auch auf Belastungen am *Arbeitsplatz* zurückzuführen. Häufig wird *Burnout* als Diagnose genannt und gilt mitunter als typisches gesundheiliches Problem von besonders Leistungsstarken und Zielstrebigen. Doch treten derartige Beschwerden mittlerweile ebenso bei Niedriglohnempfängern und häufig auch bei Alleinerziehenden auf.

Lange Zeit ging man in der Neurologie davon aus, das menschliche Gehirn sei mit der Kindheit *ausgereift* und könne im Erwachsenenalter keine neuen Gehirnzellen mehr hervorbringen. Neuere Forschungen mit Hilfe der

Kernspintomografie haben jedoch ergaben, dass in Teilen des Vorderhirns sowie im sogenannten *Hippocampus* normalerweise jeden Tag neue Nervenzellen und Zellverknüpfungen entstehen. Der Hippocampus ist eine zentrale Schaltstelle des *Limbischen Systems*, in dem unsere Gefühle angesiedelt sind. Er entscheidet darüber, ob wir uns in einer Lebenssituation fürchten oder nicht. Er ist aber auch maßgeblich daran beteiligt, dass Gedächtnisinhalte vom Kurz- in das Langzeitgedächtnis übernommen werden. Daher ist der Hippocampus eminent wichtig für unser *Gedächtnis*. Chronischer Stress jedoch verhindert im Hippocampus das Entstehen neuer Nervenzellen und trübt somit die Neugier sowie Aufnahmefähigkeit und verschlechtert die Gedächtnisleistung.

Dauerstress ist eine häufige Ursache für Ängste, Vergesslichkeit und Depressionen.

Multitasking und ständige Leistungsbereitschaft

Der Begriff *Multitasking* kommt aus der technischen Informatik und bezeichnet die Fähigkeit von Betriebssystemen, mehrere Aufgaben so schnell auszuführen, dass sie scheinbar gleichzeitig ablaufen. Auf das allgemeine Arbeitsverhalten übertragen bedeutet Multitasking, möglichst viele Dinge *gleichzeitig* erledigen zu wollen, um das Pensum zu schaffen. Eine Leistungsstrategie, die den Menschen heute immer häufiger zur Gewohnheit wird, obwohl dazu oftmals keine zwingende Notwendigkeit gegeben ist.

In früheren Zeiten waren es die Menschen gewohnt, ihre Aufgaben nacheinander zu erledigen. Nach dem bewährten Motto: *„Immer schön eins nach dem anderen."* Auf diese Weise waren ihre Aktivitäten übersichtlich strukturiert, was ihnen zur *Orientierung* verhalf und nach den einzelnen Erledigungsphasen Gelegenheit bot zum *Rückblicken* und *Verschnaufen*.

Diese Einschnitte im Arbeitsablauf haben die nachstehend beschriebenen positiven Effekte.

- Das Erledigte verankert sich gut im Gedächtnis.
- Man hat das befriedigende Gefühl, etwas vollbracht zu haben.
- Das Unterbewusstsein wird vom Erledigungszwang entlastet.
- Die Gedanken werden auf das nächste Vorhaben ausgerichtet.

Bei den heutzutage immer komplexer werdenden Arbeitsprozessen und zunehmenden Leistungsanforderungen versuchen die Menschen oftmals, die immer knapper werdende Zeit zu verdichten, indem sie mehrere Dinge gleichzeitig zu erledigen suchen. Gefördert wird dieser Trend durch immer schnellere Technologien, die es uns ermöglichen, das eine oder andere „schnell mal zwischendurch" zu erledigen. Auf diese Weise gönnt man sich keine echten Erholungspausen, obwohl es längst wissenschaftlich erwiesen ist, dass auch unser Gehirn Ruhepausen benötigt, um sich zu *regenerieren.* Allerdings handelt es sich dabei nur um einen scheinbaren Leerlauf des Gehirns. Es arbeitet während der Pausen dennoch weiter, wenn auch mit etwas geringerem Energiebedarf.

Das Gehirn benötigt aber immer wieder mal eine Pause, um die neuen Informationen zu verorten. Nämlich sie mit den gespeicherten Lebenserfahrungen zu verknüpfen und dem neu Gelernten einen Sinn zu geben. Wissenschaftliche Untersuchungen belegen, dass durch eine ständige Verdichtung der Aktivitäten die Leistungseffizienz langfristig eher *abnimmt!* Indem man mehrgleisig arbeitet, „erledigt" man zwar vieles, hat aber eventuell manches Wichtige versehentlich unterlassen oder zu oberflächlich und fehlerhaft bearbeitet. Typische leistungsmindernde Folgen von Multitasking sind:

- Durch Orientierungslosigkeit sowie mangelndes Erfolgserleben lässt die Motivation nach.
- Das oberflächliche Abarbeiten führt zu nicht hinreichend durchdachten Ergebnissen.
- Aufgrund mangelnder Konzentration nimmt die Fehlerhäufigkeit zu, wird manches übersehen oder kommt es zu Doppelarbeiten.
- Durch stressbedingte gesundheitliche Folgen nimmt die Schaffenskraft langfristig ab.
- Ehemals ausgeglichene Menschen werden zunehmend zu Nervenbündeln.

Unser Gehirn ist auf ein persönliches Zeitgefühl programmiert. Wer aber ständig gegen seinen biologischen Taktgeber arbeitet, muss auf Dauer mit weitreichenden Folgen für die Gesundheit und Leistungsfähigkeit rechnen.

Je mehr „Baustellen“ man gleichzeitig eröffnet, desto mehr Unerledigtes sammelt sich im Unterbewusstsein an. Man bekommt dadurch nie das entlastende Gefühl, „fertig“ geworden zu sein – oder jemals fertigwerden zu können.

> **Man muss nicht immer *gleich alles* machen, sondern vor allem das *Wichtige richtig*.**

Vermischung von Beruf und Privatleben

Zweifellos ist es für das seelische Wohlbefinden optimal, wenn die beruflichen Aufgaben den persönlichen Neigungen entsprechen – wenn Arbeit und Hobby identisch sind. Wer sich in seinem Beruf selbstverwirklichen kann, also weitgehend selbst entscheiden und gestalten kann, wird bei seiner Arbeit hochmotiviert sein und an ihr Freude haben. Er wird die Arbeitsbelastungen eher als gewollten Eustress akzeptieren, statt darunter leiden.

Immer mehr Menschen unterliegen aber dem Irrglauben, es sei ein Akt der Freiheit und Selbstverwirklichung, wenn sie *freiwillig* immer mehr arbeiten – selbst wenn ihnen die zu verrichtenden Tätigkeiten keinen sonderlichen Spaß machen. Sie sind aber stolz darauf, ständig *gebraucht* zu werden, werden dabei jedoch auch benutzt und oft *ausgenutzt*. Es wird zunehmend hingenommen, auch nach Feierabend und selbst im Urlaub wegen angeblich unaufschiebbarer Fragen über das Handy erreichbar zu sein oder E-Mails beantworten zu müssen. Meist ist das durch keinerlei Vereinbarungen mit dem Arbeitgeber geregelt. Manche Mitarbeiter bieten diese Erreichbarkeit ihrem Vorgesetzten sogar an, um sich *wichtig* und *unentbehrlich* zu machen! Es führt schließlich dazu, dass sich die Grenzen zwischen Beruf und Privatleben zusehends verwischen. Immer weniger wird der „Feierabend" im wortwörtlichen Sinn erlebt und verliert damit seine wichtige Funktion als kraftspendender Ausgleich zum Arbeitsalltag.

Natürlich kann man sich manchen beruflichen Zwängen nicht ohne Weiteres entziehen. Spätestens jedoch, wenn Sie merken, zunehmend *unglücklich* zu werden oder ernsthafte körperliche oder seelische *Gesundheitsprobleme* zu bekommen, sollten Sie Ihre Arbeitsweise überdenken. Lassen Sie es nicht erst zum Burnout kommen, sondern laden Sie beizeiten Ihren biologischen Energieakku immer wieder mal auf. So manche „Burnout-Opfer" sind letztlich „Selbstverbrenner"!

Um der oft beklagten Hektik und Überforderung zu entkommen, sollte man ab und an innehalten, um wieder zu sich selbst zu finden.

Der folgende Selbsttest kann Ihnen helfen, sich über Ihre persönliche Stressbelastung mehr im Klaren zu sein.

Art des **Stressfaktors** (Stressors)	**Häufigkeit**			**Bewertung**			**Belastung**
	nie	mitunter	oft	nicht belastend	gering belastnend	sehr belastend	Häufung x Wertigkeit
	0	**1**	**2**	**0**	**1**	**2**	
Termindruck							
Zeitnot							
Dienstreisen							
Unklare Arbeitsvorgaben							
Verantwortlichkeiten							
Aufstiegswettbewerb							
Konflikte mit Kollegen							
Kommunikationsmängel							
Ärger mit Vorgesetzten							
Ungerechte Kritik							
Ärger mit Kunden							
Bildschirmtätigkeit							
Hoher Raumlärmpegel							
Informationsüberflutung							
Zuständigkeitsänderungen							
Störungen bei der Arbeit							
Gesundheitliche Mängel							
Erholungsmangel							
Schlafstörungen							
Gewichtszunahme/Diäten							
Verzicht auf Genussmittel							
Bewegungsmangel							

Private/berufl. Belastungen							
Wenig Sozialkontakte							
Partnerschaftsprobleme							
Scheidung/Trennungsfolgen							
Erziehungsprobleme							
Häusl. Reparaturarbeiten							
Finanzielle Belastungen							
Krankheiten in der Familie							
Gestörte Freundschaften							
Ärger mit Nachbarschaft							
Ärger mit Behörden							
Rechtsstreitigkeiten							
Ärztliche Behandlungen							
Klinikaufenthalte							
Allgem. Umweltbelastungen							
Starker Straßenverkehr							
Überfüllte Verkehrsmittel							
Wenig Hobbymöglichkeiten							
Wenig Erfolgserlebnisse							
Sonstige Sorgen/Kummer							
Unzufriedenheit/Depression							
Gesamtpunkte							
Gesamtbelastungswert (Punkte : Stressorenzahl)							

Die aufgezählten Stressoren können natürlich nicht alle denkbaren Stressmöglichkeiten abdecken. In den Leerzeilen können Sie daher weitere nachtragen. Hier einige Denkanstöße zu Ihrem Testergebnis.

Belastungswert unter 1,0
Offenbar können Sie gut mit Ihren Belastungen umgehen und bewerten die typischen Stressoren eher als natürliche Herausforderungen. Sie sind bereits erfreulich stresskompetent, gehen wahrscheinlich mit gesundem Optimismus die Alltagsprobleme an und unterscheiden dabei Wesentliches von Unwesentlichem.

1,1 bis 2,0
Stress macht Ihnen immer wieder mal zu schaffen, aber er überrollt Sie nicht. Sie können mit den täglichen Anforderungen mehr oder weniger souverän umgehen. Versuchen Sie aber, diese positive Grundhaltung verstärkt auch in Stresssituationen wirksam werden zu lassen, die Sie bislang noch zu sehr belasten.

2,1 bis 3,0
Sie stehen stark unter Stress und sollten einige Verhaltensweisen oder Grundeinstellungen überdenken. Prüfen Sie, was Sie bei den höchstbewerteten Stressfaktoren maßgebend belastet und warum. Überlegen Sie, wie sich mancher vielleicht vermeiden oder reduzieren ließe.

Über 3,0
Sie erleben zu häufig Stress und empfinden ihn zu stark belastend. Greifen Sie manchmal zu „kleinen Helfern“ wie Alkohol oder Medikamente, um überhaupt mal echt abschalten zu können? Leiden Sie danach oft unter den typischen Folgen wie Kopfschmerzen, Schlafprobleme oder allgemeine Niedergeschlagenheit und Antriebslosigkeit?

Es ist jedenfalls höchste Zeit für Sie, etwas zu unternehmen, da Sie sonst wahrscheinlich im Lauf der Zeit ernste gesundheitliche Folgeschäden davontragen werden! Die nächsten Kapitel bieten Ihnen einige nützliche Anregungen und Techniken zur Stressbewältigung.

Stressbedingte Erkrankungen

Laut Weltgesundheitsorganisation ist Stress eine der *größten* Gesundheitsgefahren des Jahrhunderts. Was den Berufsstress anbelangt, so sind es zumindest in den hochentwickelten Ländern heutzutage weniger die körperlichen Belastungen, sondern in erster Linie die *geistig-seelischen.* Es droht zwar seltener berufsbedingter Gelenkverschleiß, dafür aber Burnout oder Depression!

Da wir auf psychische Belastungen normalerweise nicht mit körperlicher Aktivität reagieren, bauen wir die durch den Stressmechanismus freigesetzten Fett- und Zuckerreserven nicht ab. Sie *verbleiben* im Blut und können auf Dauer zu schädlichen Ablagerungen in den Blutgefäßen führen. Außerdem führt übermäßiger und andauernder Stress zu Verschiebungen im Hormonhaushalt und damit zu Störungen im *vegetativen Nervensystem* mit schädlichen Auswirkungen auf die verschiedensten Organe.

Je nach *Intensität* und *Dauer* löst Stress eine Reihe körperlicher Reaktionen aus. Zum Beispiel ansteigender Blutdruck, Herzstiche oder Magenbeschwerden. Es sind dies jedoch zunächst keine Krankheitssymptome, sondern normale Begleiterscheinungen des naturgegebenen Stressmechanismus, der uns auf die Stressbewältigung kondi*tioniert. Andererseits sind es aber auch *Warnsignale,* die uns davor schützen sollen, mit unseren Energien Raubbau zu treiben oder es auf Dauer tatsächlich zu Gesundheitsschäden kommen zu lassen.

Bei belastenden Lebensumständen wirkt es stressmindernd, wenn der Betroffene mit andren Menschen über seine Probleme *reden* kann. Gerade daran aber scheint es zunehmend zu mangeln, da die direkten menschlichen Kontakte unter den heutigen Lebensbedingungen eher abnehmen. Ob das Chatten in den sozialen Netzen des Internets die Defizite ausgleichen kann, ist zumindest sehr fraglich. Wenn aber mangelnde menschliche Wertschätzung und fehlendes Mitgefühl *dauerhaft* anhalten, kann es zu psychisch bedingten und in der Folge auch körperlichen Erkrankungen führen. Beispielsweise kommt es zur Schwächung des Immunsystems und damit zu einem höheren Risiko für Infektionserkrankungen.

Evolutionsbedingt entwickelten unsere Vorfahren ein existenzielles Bedürfnis in einer Gruppe zu leben. Es sicherte ihnen kollektive Hilfe und Schutz vor Raubtieren sowie räuberischen Feinden. Deshalb empfinden wir auch heute noch soziale Isolation und *ungewollte* Einsamkeit instinktiv als bedrohlich. Nehmen dann die einsamen Menschen in ihrem Umfeld auch noch besonders stabile und erfolgreiche Gruppierungen wahr, von denen sie *ausgeschlossen* sind, werden sie umso stärker frustriert und fühlen sich „abgehängt".

Herzinfarktrisiko bei Stress

Vegetative Fehlsteuerungen durch Stress begünstigen vor allem Herz- und Kreislauferkrankungen und somit auch den Herzinfarkt. Jedoch kommt es zu einem akuten Infarkt bei Stress meist erst dann, wenn *andere* Risikofaktoren hinzukommen. Dazu zählen körperliche Faktoren wie hoher Blutdruck, Diabetes, Übergewicht, Rauchen oder Erbanlagen. Hinzu kommen seelische Faktoren wie übersteigertes Leistungsstreben, überfordernde Selbstkontrolle sowie Beziehungsprobleme. Auch können manche Umwelteinflüsse wie Luftverschmutzung oder Lärmbelastung zu Dauerstress führen.

> **Das Beachten der Herzinfarktrisiken darf jedoch nicht dazu führen, jeglichen Stress ängstlich zu meiden und damit psychischen Druck aufzubauen.**

Mit folgendem Selbsttest können Sie Ihr Herzinfarktrisiko ermittteln – allerdings nur das *stressbedingte*.

Persönlichkeitsmerkmal	Trifft auf mich zu: genau	ziemlich	etwas	gar nicht
Ich bin zuverlässig und pünktlich.				
Andererseits leide ich oft unter Terminnot.				
Ich lege besonderen Wert auf Genauigkeit und Ordnung.				
Ich muss dauernd etwas zu tun haben.				
Für die Arbeit setze ich mich maximal ein.				
Im Grunde bin ich sehr empfindsam.				
Ich erwarte, dass sich jeder an bestimmte Regeln hält.				
Ich lege Wert darauf, dass meine Arbeit anerkannt wird.				
Von meinen Meinungen bin ich schwer abzubringen.				
Wichtige Dinge plane ich gerne voraus.				
Kränkungen oder ungerecht Kritik bewegen mich tagelang.				
Verärgerung lasse ich mir möglichst nicht anmerken.				
Ich bin innerlich oft unruhig, erscheine aber gelassen.				
Es fällt mir schwer, jemandem etwas abzuschlagen.				
Mein Tagesablauf ist meist etwas hektisch.				
Ich bin ehrgeizig und versuche vorwärts zu kommen.				
Ich setze mich gegenüber anderen im Allgemeinen durch.				
Ich kann nach Feierabend schwer abschalten.				
Ich bin oft in Zeitnot und ungeduldig.				
Meine Ziele verfolge ich beharrlich und gebe nicht auf.				
Auch Unabänderliches oder Minderwichtiges ärgert mich.				
Ich gebe ungern Arbeiten ab oder lasse mir dabei helfen.				
Es macht mir nichts aus, öfter Überstunden zu machen.				

Liegen Ihre Kreuze überwiegend im linken Bereich, sollten Sie zwecks Stressreduzierung einige Ihrer Grundeinstellungen oder Verhaltensgewohnheiten kritisch überdenken.

Stressabbau und Erwerb von Stressresilienz

Stressabbauende Maßnahmen

Welche Maßnahmen sinnvoll sind, hängt sowohl vom persönlichen *Stresstyp* ab als auch von der Art des *Stressors*. Ergreifen Sie Maßnahmen, die nicht auf Ihre persönlichen Stresskomponenten zugeschnitten sind, können sie eher zusätzlichen Stress schaffen, statt abbauend zu wirken. Beispielsweise sollten Sie nach extremen körperlichen Stressphasen durch rechtzeitige Ruhephasen oder sogar durch eine längere Erholungszeit Ihre Anpassungsenergien und Körperkräfte wiederherstellen, statt Kraftsport zu betreiben!

Nachstehend die jeweils zweckdienlichen Maßnahmenarten und ihre Effekte.

Sympathikotoniker (kämpferischer Stresstyp)	**Vagotoniker** (passiver Stresstyp)
Körperliche Aktivitäten (jedoch ohne psychisch belastenden Ehrgeiz), um freigesetzte Fett- und Zuckerreserven zu verbrauchen und die seelisch bedingte Spannungslage herunter zu fahren.	Herausfordernde körperliche Aktivitäten, um von belastendem Grübeln abzulenken und die niedrige vegetative Spannungslage auf ein gesundes Normalmaß anzuheben.
Geistig-seelischer Stress	**Körperlich erschöpfender Stress**
Geistige Ablenkung, aber auch maßvolle körperliche Aktivitäten, um sich von belastenden Gedanken zu befreien und in eine positive Stimmungslage zu gelangen. Absolute Inaktivität würde negatives Grübeln begünstigen.	Regenerierende, körperlich erholsame Maßnahmen, um die verbrauchten Kraftreserven zu ersetzen. Weitere körperlich anstrengende Aktivitäten wie Jogging oder Krafttrainig wären kontraproduktiv.

Körperliche Aktivitäten
Körperliche Aktivitäten tragen dazu bei, die unter Stress freigesetzten Fett- und Zuckerreserven *abzubauen* und unschädlich zu machen. Gleichzeitig wird dabei die Aufmerksamkeit auf eine neue Tätigkeit verlagert, was insbesondere bei geistig-seelischer Anspannung eine wohltuende *Ablenkung* bringen kann. Beispielsweise durch Joggen, Radfahren oder Schwimmen.

Allerdings sollten die Aktivitäten nicht ausgesprochen *kräftezehrend* sein. Auch sollten sie ohne *ehrgeiziges Leistungsstreben* betrieben werden, da sonst eventuelle Minderleistungen zu Enttäuschungen führen oder gelegentliche Nachläsigkeiten ein schlechtes Gewissen verschaffen, was *erneuten* psychischen Stress auslöst.

Entspannungsmaßnahmen
Jede Art von Stress kann sowohl zu einem psychischen Spannungszustand und in der Folge zu Verkrampfungen der *Muskulatur* führen. Daher besteht auch eine Wechselwirkung zwischen geistiger und körperlicher Entspannung.

Zur seelischen Entspannung gut geeignet sind beispielsweise: warmes Wannenbad, Lesen, Spazierengehen, Musikhören und eigenes Musizieren, Singen, Liebe, Sauna, Yoga, Malen, genüssliches Essen.

Ruhe- und Erholungsphasen
Ist dagegen ein körperlicher oder geistiger *Erschöpfungszustand* eingetreten, müssen die Anpassungsenergien und Körperkräfte nachhaltig erneuert werden. Andernfalls sind bleibende Beeinträchtigungen der Leistungsfähigkeit und Widerstandskraft die Folgen.

Daher sollten Sie nach besonders anstrengenden oder langanhaltenden Stressphasen immer mal wieder eine entspannende *Ruhepause* einlegen. Zur Regeneration verhilft unter anderem, ausgiebig zu schlafen, energiespendend zu essen und trinken. Oder Sie sollten sich mal wieder eine *längere Auszeit* gönnen – einen Erholungsurlaub einlegen oder sich erforderlichenfalls sogar zu einer ärztlich betreuten Regenerationskur entschließen.

Bewältigen stressbedingter Krisen

Bei einer seelischen Krise fühlt sich der Betroffene durch belastende Ereignisse oder Lebensumstände überfordert – also eine Situation, die er als extremen, andauernden Stress erlebt. Möglicherweise hat der Betreffende bereits Versuche unternommen, seine Probleme zu bewältigen, ist aber stets gescheitert. Er bekommt daher immer mehr das Gefühl, die Kontrolle über die Geschehnisse zu verlieren und ihnen hilflos *ausgeliefert* zu sein.

Ob es jedoch zu einer *echten* Krise kommt, hängt nicht alleine von den wirklichen Tatbeständen ab, sondern maßgeblich auch davon, wie man die jeweiligen Umstände *bewertet*:

- Ob man in erster Linie auf die vermeintlichen negativen Auswirkungen fixiert ist und sie als Bedrohung empfindet
- oder man die Situation eher als natürliche Herausforderung sieht, seine reellen Chancen abschätzt und nach Lösungen sucht.

Oder wie Paul Watzlawick es in seinem Buch *„Wie wirklich ist die Wirklichkeit"* einmal formulierte:

> **Wer seelisch leidet, leidet nicht an der Wirklichkeit, sondern an seinem Bild von der Wirklichkeit.**

Je *mehr* eine stressauslösende Situation als gefährlich empfunden wird, desto *stärker* wird der natürliche Stressmechanismus wirksam. Er beeinträchtigt unter anderem das klare *Denken,* was einer rationalen Problemlösung aber entgegensteht und dazu führen kann, dass die Krise eine sich verstärkende *Eigendynamik* entwickelt. Die Folgen dieses Teufelskreises können Resignation, Niedergeschlagenheit, Angstgefühle oder körperliches Unwohlsein sein. Schließlich kann es sogar zu dauerhaften organischen Beschwerden bis hin zu *krankhaften* Depressionen führen.

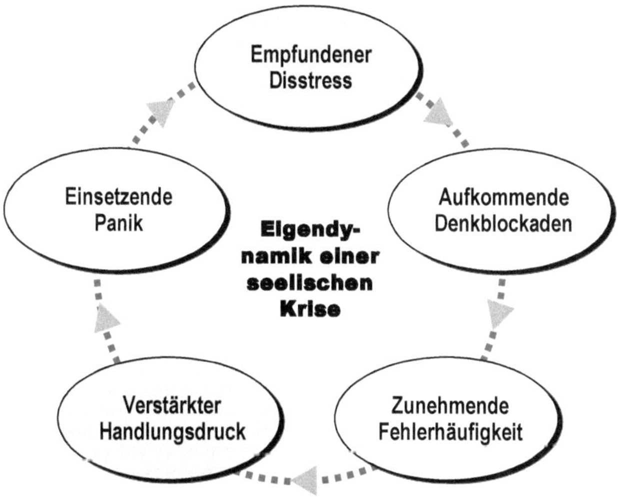

Um mit einer solchen Krisensituationen fertig zu werden und sich nicht unterkriegen zu lassen, gilt es die zuvor dargestellte *Krisendynamik* zu durchbrechen. Folgende Strategie kann dazu verhelfen:

1. *Bedrohlichkeit realistisch einschätzen*
   Die Situation nicht dramatisieren, sondern sie an den realen Gegebenheiten und deren tatsächlichen Auswirkungen messen.
2. *Unbeeinflussbares akzeptieren*
   Unabänderliche Tatbestände zwar registrieren, sie aber (zunächst) akzeptieren.
3. *Zuversichtlich sein*
   Die Krise nicht als Dauerzustand einzuordnen, sondern als einen vorübergehenden Zustand sehen.

4. *Potenzielle Chancen erkennen*
   Keine nutzlosen Gedanken auf eventuelle Risiken verschwenden, sondern sich die Chancen bewusst machen, die in aller Regel selbst Krisensituationen innewohnen.
5. *Lösungswege suchen*
   Nach geeigneten Lösungsmöglichkeiten suchen und Maßnahmen zu deren Realisierung überlegen.
6. *Lösungsmaßnahmen ergreifen*
   Entschlossen und tatkräftig Lösungsversuche unternehmen und sich dabei der eigenen Fähigkeiten und Stärken bewusst sein.
7. *Bewältigung als Erfolg verbuchen*
   Auf eine gelungene Krisenbewältigung stolz sein, daraus aber auch Lehren für die Zukunft ziehen.

Persönliches Anti-Stress-Programm

Das im Folgenden beschriebene Programm kann Ihnen helfen, sich Ihrer stressauslösenden Faktoren (auch als *Stressoren* bezeichnet) bewusster zu werden und darauf aufbauend Strategien zu entwickeln, wie Sie mit ihnen in *konstruktiver* Weise umgehen können. Selbst wenn Sie dadurch das jeweilige Problem nicht beseitigen können, werden Sie es als weniger belastend empfinden und werden ermutigt, nach neuen Lösungschancen zu suchen.

Nach einem angemessenen zeitlichen Abstand (einem oder mehreren Monaten) sollten Sie sich Ihr Anti-Stress-Programm noch einmal zur Hand nehmen und selbstkritisch *kontrollieren*, inwieweit Sie Ihre Vorsätze tatsächlich *verwirklicht* haben – und wenn nein, *warum*.

Sollte sich Ihre Lebenssituation zwischenzeitlich nennenswert verändert haben, kann es angebracht sein, dass Sie Ihr Programm korigieren oder sich sogar ein neues, aktuelleres Programm entwerfen.

Art des Stressors	Strategie			Vorsätze
	Z	V	A	Zielbewertung, Maßnahmen, Verhalten
	❑	❑	❑	

Gehen Sie beim Ausfüllen des Formulars folgendermaßen vor:

1. *Auswahl der Stressfaktoren*
   Vermerken Sie zunächst in der ersten Spalte des vorstehend abgebildeten Formulars Ihre stärksten Stressfaktoren. Sie können sich dabei auch an den Ergebnissen Ihres vorangegangenen Test zur persönlichen *Stressbelastung* orientieren.
2. *Zielanalyse/Zielbewertung(Z)*
   Überlegen Sie beim jeweiligen Stressor, welche Lebens- oder Handlungsziele er betrifft und inwieweit diese Ziele für Sie *tatsächlich* (noch) bedeutsam sind. Möglicherweise hatten diese für Sie *früher* einmal einen hohen Stellenwert, während sie bei kritischer Bewertung der *heutigen* Gegebenheiten nur noch wenig wichtig oder sogar unbedeutend sind. Wägen Sie den jeweiligen Nutzen gegen die nachteiligen Konsequenzen ab (Energie- und Zeiteinsatz, gesundheitliche Folgen, Vernachlässigung anderweitiger Bedürfnisse).

   Überlegen Sie, ob Sie das bzw. die Ziele künftig weniger wichtignehmen oder sogar gänzlich aufgeben sollten. Wollen Sie Ihre Zielsetzungen jedoch unverändert beibehalten, so kreuzen Sie die *Alternative* Z an und gehen zur nächsten Strategie.
3. *Veränderung/Vermeidung (V)*
   Hier sollten Sie darüber nachdenken, welche Gegebenheiten oder Gewohnheiten für den Stressor eine Rolle spielen dürften. Überlegen Sie, ob Sie an diesen etwas ändern oder sie künftig vermeiden könnten, damit der Stress nicht mehr oder nur geringer wirksam ist. Wenn ja, kreuzen Sie auch die Alternative V an.
4. *Akzeptanz/Aktivierung (A)*
   Ist ein Ziel für Sie nach wie vor wichtig und können Sie die Stresswirksamkeit nicht oder nur unwesentlich senken, bleibt Ihnen nur noch diese Strategie – sollten Sie dennoch nicht mit Ihrem Schicksal *hadern*. Viel-

mehr sollten Sie sich den Gegebenheiten mit einer *offensiven* inneren Haltung stellen. Je mehr Sie sich innerlich gegen die stressauslösenden Einflüsse sträuben, umso mehr werden Sie diese als belastend empfinden!

Akzeptieren Sie *unvermeidbaren* Stress als den unumgänglichen Preis für das Erreichen Ihres Ziels. Nehmen Sie unbeeinflussbare Stressoren als *Herausforderungen* an und gehen Sie mit ihnen konstruktiv um. Eine positive Grundhaltung und das Wissen um die natürlichen Körperreaktionen des Stressmechanismus werden Sie davor bewahren, sich in unnötige Versagensängste zu steigern oder Gesundheitsschäden zu befürchten.

Verschwenden Sie Ihre Energien nicht darauf, unveränderbare Belastungen zu vermeiden, sondern versuchen Sie daraus den größtmöglichen *Nutzen* zu ziehen. Widmen Sie sich lieber Maßnahmen, die Ihnen helfen können, die schädlichen Stressfolgen abzubauen.

5. *Maßnahmenplanung*
   Notieren Sie in der letzten Spalte der Tabelle zu den einzelnen Stressoren Ihre gefassten *Vorsätze* und beschreiben Sie stichwortartig Ihre dazu geplanten Maßnahmen.

Konstruktives Stressbewusstsein

Sobald unser Gehirn eine wahrgenommene Situation als *gefährlich* einordnet, wird der beschriebene *Stressmechanismus* ausgelöst. Dabei spielt es keine Rolle, ob es sich objektiv betrachtet um eine *tatsächliche* Gefährdung handelt. Entscheidend ist, für wie gefährlich das Gehirn die Situation *einschätzt*. Zu einem ernsten Problem wird es erst, wenn man bei stressbegleitenden Körperreaktionen aus *Unkenntnis* vorschnell schwerwiegende oder sogar lebensbedrohende Organschäden befürchtet und in

Panik gerät. Oft kommt es dann zu folgendem Teufelskreis:

- Die Befürchtungen gesundheitlichen Schaden zu nehmen, lösen Angstgefühle aus – bei Herz- oder Atembeschwerden mitunter sogar Todesangst.
- Angst ist aber der stärkste Stressfaktor überhaupt. Er verstärkt somit die Stressreaktionen, was wiederum zusätzliche Ängste auslöst und so weiter ...

> **So mancher Herzinfarkttote könnte noch leben, wenn er mit den Stressreaktionen bewusster umgegangen wäre!**

Entwickeln von Stressresilienz

Ohne Stress ist ein *erfülltes* Leben undenkbar. Erst an belastenden Herausforderungen wachsen wir und können uns weiterentwickeln. Und nur überwundene Widerstände verschaffen uns beglückende *Erfolgserlebnisse*. Ein Leben ohne Höhen und auch Tiefen wäre ein erlebnisarmes, freudloses Dasein. Ohnehin kommt es trotz allen Bemühens um Stressfreiheit unweigerlich immer wieder zu irgendwelchen Lebensproblemen. Um aber Widerstandskräfte zu ihrer Bewältigung entwickeln zu können, bedarf es einer maßvollen *Stressgewöhnung*.

> **Der Begriff „Stressresilienz" benennt die seelische Widerstandskraft, sich durch belastende Ereignisse nicht unterkriegen zu lassen.**

Das bedeutet, die Dinge nicht einfach nur geschehen zu lassen, sondern

- die Umstände mitzugestalten,
- aus der Situation das Beste zu machen,
- daraus für die Zukunft zu lernen und
- gestärkt daraus hervorzugehen.

Stressresilienz beruht auf Grundeinstellungen sowie Gewohnheiten, die man sich weitgehend *antrainieren* kann. Das setzt voraus, Stressbelastungen nicht vorrangig zu meiden, sondern sich ihnen zu stellen, um stresserprobt zu werden. Dazu verhelfen folgende Grundeinstellungen und Verhaltensweisen:

1. *Realistische Zielvorstellungen haben*
   Sich sinnvolle Ziele setzen und dabei auch künftige Entwicklungen bedenken
2. *An die eigenen Kompetenzen glauben*
   Sich seiner Fähigkeiten bewusst und von den eigenen Ansichten und Ideen überzeugt sein
3. *Kontrolliert reagieren und handeln*
   Nicht immer impulsiv reagieren, sondern vornehmlich überlegt vorgehen und weniger Wichtiges zugunsten höherer Ziele zurückstellen
4. *Stress nicht schicksalsergeben hinnehmen*
   Den natürlichen Stressmechanismus akzeptierend, Stress als Herausforderung sehen und handlungsfähig bleiben
5. *Unveränderbares zunächst akzeptieren.*
   Dennoch die Ursachen analysieren, um dadurch bessere Lösungswege zu erkennen
6. *Nicht entmutigen lassen.*
   Eventuelles Scheitern nicht verallgemeinern, sondern weiterhin zuversichtlich bleiben

> **Es darf nicht das Bestreben sein, jeglichen Stress zu vermeiden – vielmehr wirkt eine maßvolle Stressgewöhnung vorbeugend und macht belastbar.**

Selbst- und Fremdbestimmung

Stressursachen wie hohes Arbeitstempo, Karrieredruck, neue Techniken, Informationsflut, ständige Abrufbereitschaft oder gesellschaftliche Verpflichtungen werden häufig als *unausweichliche* Anforderungen der heutigen Zeit beklagt. Für eine latente Unzufriedenheit, totale Erschöpfung oder ernste Gesundheitsschäden als typische Stressfolgen wird dann die *Schuld* vor allem beim Arbeitgeber, bei der Technik oder der Politik gesucht oder wird das eigene personelle Umfeld dafür verantwortlich gemacht. Dabei haben es viele Menschen einfach nur *verlernt,* das eigene Leben als aktive Aufgabe anzunehmen. Sie verzichten auf ihre *Selbstverantwortung* und flüchten sich lieber in die bequemere *Opferrolle.* Stattdessen sollte man sich dessen bewusst sein, dass man für die eigene Lebensführung in erster Linie selbst verantwortlich ist!

Es ist eine Frage der Selbst- oder Fremdbestimmung, ob man Problemlösungen *selbst* in die Hand nimmt oder sie von *außen* erwartet. Denn von unvermeidbaren Schicksalsschlägen abgesehen, hat man meist die Wahl zwischen *mehreren* Wegen. Allerdings erfordert eine Lebensführung, die langfristig zu Zufriedenheit und damit seelischer wie körperlicher Gesundheit verhilft, oftmals den *Verzicht* auf kurzfristige Annehmlichkeiten oder materielle Privilegien. Auch muss man bereit sein, entstehende Interessenkonflikte mit anderen, aber auch mit sich selbst auszuhalten.

Bei Arbeitsbelastungen kommt es auch sehr auf die persönliche *Einstellung* an, inwieweit sie zu krankmachendem Stress führen. Ob es sich um eine selbstgewählte, als konstruktiv empfundene Arbeitsleistung handelt oder sich der Betreffende unter *Zwang* fühlt – ob er sie als natürliche *Heraus*forderung oder *Über*forderung erlebt. Wer hohe Anforderungen bewältigen soll, aber kaum Einfluss auf seine Situation nehmen kann, ist daher besonders stressgefährdet. Ein weiterer wesentlicher Aspekt ist das Prinzip der *Gegenseitigkeit:* Menschen erwarten für ihre Arbeitsleistungen von der Arbeitgeberseite zu Recht eine angemessene *Beachtung* und *Anerkennung*. Beispielsweise in Form von Lob, gerechter Bezahlung oder Aufstiegsmöglichkeiten. Finden dagegen erbrachte Leistungen *nicht* die verdiente Wertschätzung, kommt es zu Stressreaktionen, die auf Dauer sogar gesundheitliche Schäden verursachen können.

Es ist von maßgeblicher Bedeutung, inwieweit man die eigene Arbeitssituation mitgestalten kann und ob die persönlichen Leistungen anerkannt werden.

Erlerntes Stressverhalten

Ob jemand eine Situation als Stress empfindet und wie er darauf reagiert, hängt sehr von seinen *Erfahrungen* ab, die er bei ähnlichen Erlebnissen gemacht hatte. Ein und *dieselbe* belastende Lebenssituation kann daher sowohl als willkommener *Eustress* als auch unangenehmer *Disstress* empfunden werden. Sieht man von einigen ererbten Verhaltensmerkmalen ab, sind es die jeweiligen Lebenserfahrungen, die zu einem individuellen, *gewohnheitsmäßigen* Stressverhalten führen. Es wird auf zweierlei Arten erlernt:

- entweder durch erlebte Konsequenzen oder
- durch empfangene Wahrnehmungssignale.

Lernen durch Konsequenzen
Wenn es ein Mensch erlebt hat, dass bestimmte Ereignisse angenehme oder unangenehme Folgen haben, wird er sich bemühen, diese Umstände *erneut* zu schaffen bzw. sie zu meiden. Je *häufiger* die Konsequenzen aus Stresssituationen erlebt werden, desto stärker *prägen* sie das persönliche Stressverhalten. Es wird schließlich so verfestigt, dass die Stressreaktionen auch dann ausgelöst werden, wenn eine Situation nur *scheinbar* einer früher erlebten gleicht. Die Situation rational betrachtet eigent-

lich keinen Anlass bieten dürfte, sich auf die gewohnte Art zu verhalten.

Das betrifft in erster Linie *gefühlsbedingte* Stressreaktionen. Auf die Körperreaktionen wirken sich derartige Lernerfahrungen nur indirekt aus. Beispielseise kann ein ständiges Leistungsstreben, um Anerkennung und beruflichen Erfolg zu erringen, schließlich zu einer vegetativen Fehlsteuerung mit sogenannten *psychosomatischen* Beschwerden führen.

Lernen durch Signale
Bereits Stress signalisierende Worte, Vorbilder, optische Eindrücke und sonstige derartige Wahrnehmungen können Stressreaktionen auslösen. Selbst dann, wenn diese Signale keinen Bezug zu selbsterlebten Stressauswirkungen haben.

Verlernen von Stressverhalten
Will man dahin gelangen, in bestimmten Lebenssituationen nicht mehr gewohnheitsmäßig stets negativ oder gar krankmachend zu reagieren, bleibt nichts anderes, als den zuvor geschilderten negativen Lernprozess *umzukehren.*

Durchdenkt man einmal im Hinblick auf eine bestimmte Art von Stresssituation die eigene „Lerngeschichte“, findet man meist einige *verfestigte* Ansichten und Verhaltensweisen, die man eigentlich nie ernsthaft in Frage gestellt hat. Ansichten, die aus irgendwelchen Erlebnissen herrühren, aber nüchtern betrachtet keine *Allgemeingültigkeit* haben oder inzwischen überholt sind – sie der aktuellen Situation nicht mehr gerecht werden.

So waren vielleicht manche situationsbedingten *Ängste* in der Kindheit berechtigt und haben gelegentlich vor Schaden bewahrt, einem als Erwachsenen aber dank entwickelter Fähigkeiten derartige Situationen *nicht mehr* gefährlich werden können. Oder in jungen Jahren besondere berufliche Anstrengungen für die *Karriere* unverzichtbar waren, während sie später in gefestigter Position keinen *zusätzlichen* persönlichen Nutzen mehr erbringen, aber zunehmend der Gesundheit schaden. Hat man derartige Zusammenhänge erkannt, gilt es seine Wertvorstellungen zu *relativieren*, sich neue Prioritäten zu setzen, um letztlich mehr Gelassenheit im Umgang mit den entsprechenden Belastungen zu entwickeln. Die Lernpsychologie liefert uns dazu folgnde Erkenntnis:

> **Was der Mensch einmal erlernt hat, kann er auch wieder verlernen.**

Die Kraft des Positiven

Wissenschaftliche Untersuchungen haben erwiesen, dass durch ein positives Denken und Fühlen opiumähnliche Botenstoffe (sogenannte *Glückshormone*) freigesetzt werden. Dazu zählen das *Dopamin, Serotonin* und verschiedene *Endorphine*. Sie lösen Glücksgefühle aus und steigern das allgemeine Wohlbefinden. Was den Stressmechanismus anbelangt, so wird dadurch der Tonus des *Vagusnervs* erhöht, der für Entspannung sorgt und demzufolge *stressabbauend* wirkt.

Positive Gefühle dienen aber nicht nur der seelischen Befindlichkeit: Sie erzeugen biochemische Veränderungen, die sich über das Blut und die Nervenbahnen auch auf die Organe auswirken und die *körperliche* Gesundheit fördern: Sie können Schmerzen lindern, bei Krankheiten den Heilungsverlauf beschleunigen und sogar die gesamte Lebenserwartung steigern. Schon der Entschluss zum Arzt zu gehen kann zuversichtlich stimmen und dazu führen, dass die Beschwerden bereits im Wartezimmer nachlassen.

Positives Denken
Man sollte die persönliche Lebenssituation zwar *bewusst* und *vorurteilsfrei* wahrnehmen, dabei aber nicht vorrangig auf die *Risiken* fixiert sein – sondern zuversichtlich seine *Chancen* erkennen und entsprechende Vorsätze entwickeln. Über persönliche Erfolge sollte man sich

freuen und darauf stolz sein. Auch sollte man Misserfolge nicht als typische oder *unvermeidbare* Gegebenheiten hinnehmen, sondern sie als Herausforderungen sowie wertvolle Erfahrungen für die Zukunft sehen. Für besonders positive Lebensumstände oder Erlebnisse sollte man stets *dankbar* sein und das beglückende Gefühl genießen.

Bereichernde Sozialkontakte
Es ist wichtig, Beziehungen zu anderen Menschen aufzubauen und sie zu pflegen. Sich mit anderen auszutauschen, um von ihnen *Wertschätzung* oder *Mitgefühl* zu erfahren, aber auch um Rat und konstruktive Kritik zu erhalten. Doch kann man von anderen nur dann Zuwendung erwarten, wenn man auch ihnen gegenüber Anteilnahme zeigt. Indem man auf sie zugeht, Interesse an ihrer Person zeigt und hilfsbereit ist. Menschen, die über intakte Beziehungen verfügen, haben nachweislich eine stabilere *Gesundheit* und leben länger.

Meditative Techniken
Alle Arten meditativer Verhaltensweisen erweitern das Bewusstsein, lenken von eingefahrenen Denkmustern ab und verhelfen zu Ausgeglichenheit und Ruhe. Das gilt für fernöstliche Techniken wie Yoga oder Tai-Chi ebenso wie für autogenes Training, das Abendgebet oder die Schilderung der erlebten Ereignisse im Tagebuch.

Überforderung versus Unterforderung
Ständige Überforderung führt zu Stress und kann zum *Burnout* führen. Andererseits darf Stressvermeidung aber auch nicht zur *Unterforderung* führen, da sie ähnliche Auswirkungen haben kann. Man spricht dann von einem sogenannten *Boreout*. Im Beruf kommt es dazu beispielsweise durch *Arbeitsmangel* oder *übertriebene* Mitarbeiterschonung – wohlmeinend oder aus Führungsschwäche. Der englische Schriftsteller *Noël Coward* hat dazu einmal folgenden treffenden Satz geprägt:

> **Nichts tun macht nur dann Spaß, wenn man eigentlich viel zu tun hätte.**

11. Was kann außerdem die Lebensqualität steigern?

Ziel- und qualitätsbewusste Lebensführung

Die Macht der Gewohnheit

Im Lauf der Jahre verfestigen sich mitunter manche unserer Gewohnheiten so sehr, dass wir uns eine andersartige Lebensführung kaum noch vorstellen können. Wir nehmen dadurch die Gegebenheiten als naturbedingt und *unveränderbar* hin. Jedoch kann dies im Lauf der Zeit zu einer unzufrieden machenden Eintönigkeit und Trägheit führen.

Auch wenn wir uns manchmal grundlegende Veränderungen wünschen, sträubt sich meist dennoch etwas in uns. Das liegt daran, dass auch wir Menschen nun mal *Gewohnheitstiere* sind und Veränderungen eben immer auch mit Risiken verbunden sind. Was wir haben, das wissen wir – was wir bekommen, ist dagegen *stets ungewiss.* Denn das Leben ist voller Überraschungen, sodass niemand mit Sicherheit vorhersagen kann, was einem die ferne Zukunft bringen wird.

> **Manche Menschen ändern oft erst dann etwas in ihrem Leben, wenn die Unzufriedenheit zu groß und unerträglich geworden ist.**

Doch darf es dann nicht verwundern, wenn man schließlich *unglücklich* wird. Fatalerweise erkennen Menschen manchmal ihre Versäumnisse und verpassten Chancen erst, wenn es zu spät ist. Wenn sie im Alter und Ruhestand befindlich auf ein unerfülltes Leben zurückblicken und nicht einmal ihren *Lebensabend* zufriedenen genießen können.

Zukunftsorientierte Lebensgestaltung

Doch sollten Sie es nicht erst so weit kommen lassen, sondern präventiv handeln. Sollten Sie vielmehr ab und an einmal *innehalten* und sich fragen, ob es nicht an der Zeit wäre, das eine oder andere in Frage zu stellen, um gegebenenfalls die Lebensführung Ihren momentan vorrangigen Bedürfnissen und den aktuellen Lebensbedingungen anzupassen.

Fragen Sie sich, ob Sie nicht einige Gewohnheiten aufgeben oder manche Lebensumstände ändern sollten. Sie sich dazu vielleicht auch neue *Lebensziele* setzen sollten, um Ihr Leben in eine andere Spur zu lenken.

> **Ohne gelegentliche Veränderungen gibt es nun mal keinen Fortschritt im Leben.**

Seien Sie zuversichtlich und schieben Sie Ihre Vorsätze nicht auf die lange Bank. Andernfalls handeln Sie vielleicht zu spät und bestimmte Entwicklungen haben zu *unabänderlichen* Fakten geführt. Oder Sie haben möglicherweise manche wertvolle Chance verpasst. Oder wie Gorbatschow einmal sagte: *„Wer zu spät kommt, den bestraft das Leben!“*

Realistische Änderungsplanung

Wenn Sie sich grundsätzlich entschieden haben, etwas an Ihrer Lebensweise zu ändern, sollten Sie sich aber nicht spontan und *unüberlegt* gleich eine radikale Veränderung Ihrer gesamten Lebenssituation vornehmen.

Das würde Sie sicher überfordern und könnte zu voreiligen Entschlüssen verleiten, die Sie rückblickend bedauern. Sie dann eventuell erkennen, dass manches für Sie doch wertvoller oder sogar unverzichtbarer war, als Sie zunächst geglaubt hatten.

Vielmehr sollten Sie zuvor darüber nachdenken, welches Ihre *allerwichtigsten* Änderungsziele sind und diese auch schriftlich festhalten. Alsdann gilt es zu überlegen, welche *Vorzüge* von den neuen Zielen bei näherer Betrachtung tatsächlich zu erwarten sind, aber auch mit welchen eventuellen *Nachteilen* oder Realisierungsproblemen Sie zu rechnen haben. Auf diese Weise lernen Sie gleichzeitig sich selbst sowie Ihre Situation und Ihre Möglichkeiten besser kennen.

Im Interesse einer realistischen und zweckdienlichen Änderungsstrategie sollten Sie daher zuvor eine *Zwischenbilanz* Ihrer aktuellen Lebenssituation ziehen, um daraus hilfreiche Erkenntnisse hinsichtlich Ihres tatsächlichen Änderungsbedarfs zu gewinnen. Andernfalls könnte die Gefahr bestehen, dass Sie unnötige oder unergiebige, möglicherweise sogar schädliche Schritte unternehmen.

Der im Folgenden beschriebene Selbsttest kann Ihnen dabei helfen. Auch kann er Ihnen dazu dienen, sich bei der Änderungsplanung sinnvolle Prioritäten zu setzen und wird er Ihnen bestimmt so manche nützliche Anregung liefern. Seien Sie aber beim Ausfüllen der nachstehend abgebildeten Tabelle ehrlich und selbstkritisch. Mit Schönfärberei würden Sie sich keinen Gefallen tun, sondern möglicherweise zu untauglichen und rückblickend enttäuschenden Schlussfolgerungen kommen.

Wahrscheinlich werden sich Ihre Lebensumstände nach einigen Jahren in mancherlei Hinsicht erneut verändert haben. Entweder weil Sie sich selbst weiterentwickelt oder sich manche Rahmenbedingungen gewandelt hatten. Sollte es sich dabei um gravierende oder grundlegende Veränderungen handeln, kann es empfehlenswert sein, wenn Sie dann *erneut* eine Zwischenbilanz ziehen und sich den aktuellen Gegebenheiten Rechnung tragend neu orientieren.

Bewertungen: 3 = trifft weitestgehend zu → 2 = überwiegend → 1 = kaum

	Merkmal	Zustandsbeschreibung	3	2	1
Privatleben	Wie gestalte ich meine Freizeit?	Ich bin unternehmungslustig und viel unterwegs.			
		Ich kümmere mich intensiv um meinen Haushalt.			
		Ich fühle mich mitunter gelangweilt und unausgefüllt.			
	Wie steht es um meine Hobbys?	Ich habe Hobbys, die mich erfreuen und ausfüllen.			
		Ich habe zu wenig Zeit für meine Hobbys.			
		Ich habe ziemlich kostspielige Hobbys.			
Beruf	Wie empfinde ich meinen beruflichen Status?	Ich bin mit meiner Position in der Firma zufrieden.			
		Ich habe meine Berufswahl bisher nicht bereut.			
		Ich mache meine Arbeit gerne, bin sehr engagiert.			
	Wie empfinde ich meine Arbeits-aufgaben?	Ich wünschte mir mehr anspornende Abwechslung.			
		Ich fühle mich oft überfordert und ausgenutzt.			
		Ich sehe zurzeit keine echten Aufstiegschancen.			
Sozialkontakte	Wie sind meine privaten Beziehungen?	Ich lebe in einer harmonischen Zweierbeziehung.			
		Ich habe ein harmonisches Familienleben.			
		Ich habe regelmäßige Kontakte zu Freunden.			
	Wie sind meine Kontakte im Beruf?	Ich habe ein gutes Verhältnis zu den Vorgesetzten.			
		Ich habe mit Kollegen auch private Kontakte.			
		Das Verhalten mancher Kollegen stört mich.			
Gesundheit	Wie ist meine körperliche Verfasung?	Ich bin damit zufrieden und fühle mich gut.			
		Ich habe keine schweren organischen Defekte.			
		Ich fühle mich mitunter nicht mehr belastbar genug.			
	Wie ist meine seelische Verfassung?	Ich bin insgesamt glücklich und zufrieden.			
		Ich neige manchmal zu Stimmungsschwankungen.			
		Ich bin oft niedergeschlagen und missgestimmt.			
	Was tue ich für meine Gesundheit?	Ich ernähre mich gesund, achte auf mein Gewicht.			
		Ich bewege mich viel und treibe Ausgleichsport.			
		Ich achte auf genügend Entspannung und Erholung.			

Bei denjenigen Zustandsbeschreibungen, die *deutlich negativ* ausgefallen sind, dürfte es sich lohnen, gewisse Änderungen in den betreffenden Lebensbereichen in Erwägung zu ziehen. Überlegen Sie sich, was wohl die Gründe für diese Beurteilungen sind. Handelt es sich um Gegebenheiten, die Sie bei realistischer Einschätzung beeinflussen können, sollten Sie über geeignete Maßnahmen nachdenken und entsprechende Vorsätze fassen.

Machen Sie sich einen *Erledigungsplan*, in dem Sie festlegen, was Sie bis wann unternehmen wollen. Betrachten Sie den Plan als einen Vertrag mit sich selbst, dem Sie sich verpflichtet fühlen. Das hilft Ihnen, den sogenannten „inneren Schweinehund" zu besiegen, der einen nur allzu gerne daran hindert, aus Bequemlichkeit seinen guten Vorsätzen treu zu bleiben.

Insbesondere *Verhaltensänderungen* erfordern trotz allen guten Willens erfahrungsgemäß meist eine längere Zeit. Seien Sie daher geduldig und geben Sie nicht auf, wenn Sie hin und wieder in eine alte Gewohnheit zurückfallen. Oder Sie an einer geplanten Veränderung durch momentane Umstände gehindert wurden.

Biorhytmus und Leistungsfähigkeit

Als Biorhythmus bezeichnet man in der Medizin einen *biologischen Rhythmus* bzw. *Lebensrhythmus*, von dem jeder Mensch vom Beginn bis zum Ende seines Lebens geleitet wird. Der Biorhythmus unterliegt Schwankungen, die in wiederkehrenden Zyklen ablaufen. Dazu zählen der Schlaf-Wach-Rhythmus sowie die Zyklen der Aktivität, Nahrungsaufnahme und Körpertemperatur.

Bezüglich der Gesundheit und Leistungsfähigkeit ist vor allem der *Tag-Nacht-Rhythmus* zu nennen. Abhängig von der Lichtverteilung während des 24-stündigen Zeitintervalls regelt der Biorhythmus die Aktivitäts- sowie Ruhephasen. Ähnliches gilt für die *Sommer- und Winterzeit*, die den menschlichen Körper durch die unterschiedlich lange Sonneneinstrahlung beeinflussen. Wir besitzen dazu einen eigenen Taktgeber – die sogenannte *innere Uhr*. Sie reagiert zwar auf äußere Einflüsse, läuft aber selbst dann weiter, wenn Umweltfaktoren wie das Licht fehlen.

Gesteuert wird unser biologischer Taktgeber unter anderem durch Hormonausschüttungen. Dabei spielen insbesondere die nachstehenden Hormone eine Rolle.

Serotonin
Dieses Hormon (auch als *Glückshormon* bezeichnet) bewirkt eine symphathikotone, also aktivierende Spannungslage. Gebildet wird es vor allem durch Sonnenschein, aber auch helles Kunstlicht. Allerdings kann Kunstlicht das Sonnenlicht nicht annähernd ersetzen, da es 100-mal heller ist als selbst eine sehr helle Deckenbeleuchtung. Kommt es jedoch zu *Lichtmangel*, führt das zu *Antriebslosigkeit* und fördert Depressionen.

Melatonin
Während der Nacht begünstigt Serotonin die Produktion dieses Hormons. Es dient dem Einschlafen und der Entspannung und sorgt im Schlaf für eine „Reinigung“ des Gehirns sowie Regenerierung der Widerstandskräfte. Melatonin bewirkt somit eine erholsame, also *vagotone Spannungslage*. Macht man jedoch die Nacht zum Tag, kommt es zu geringerer Serotoninbildung und damit zu *Melatoninmangel*. Die Folgen sind Müdigkeit und Niedergeschlagenheit am Tag wegen zu geringer Regeneration.

Aufgrund des Biorhytmus verläuft die tägliche Leistungskurve bei den meisten Menschen folgendermaßen: Aus einem frühmorgendlichen Leistungstief *steigt* sie bis etwa 9 Uhr an. Danach sinkt sie langsam wieder ab und erreicht zur Mittagszeit – insbesondere nach einer Mahlzeit – einen *Tiefpunkt*. Man nennt daher diese Phase scherzhaft auch das „Suppenkoma". Im Lauf des Nachmittags nimmt die Leistungsbereitschaft wiederum zu, ohne jedoch das vormittägliche Leistungsmaximum zu erreichen. Gegen 20 Uhr schließlich fällt die Tageskurve rapide ab und erreicht gegen 3 Uhr nachts ihr absolutes *Minimum*.

Allerdings gibt es individuelle Abweichungen. Beispielsweise gibt es ausgesprochene „Morgenmuffel" und typische „Nachteulen". Inwieweit die persönliche Leistungskurve angeboren und unveränderbar ist oder ob sie sich durch Gewöhnung ändern kann, ist umstritten.

Im Interesse der Arbeitseffizienz ist es ratsam, die persönliche Leistungskurve bei der Planung des Arbeitstags in Rechnung zu stellen. So sollten Sie Arbeiten, die ein hohes Maß an *Konzentration* oder *Kreativität* erfordern oder besonders ermüdend sind, nach Möglichkeit in die Tagesphasen *hoher* Leistungsfähigkeit legen. Für die restlichen Zeiten eignen sich eher routinemäßige Arbeiten. Anregende Tätigkeitswechsel, Erholungspausen und kleine Zwischenmahlzeiten können über die Leistungstiefs hinweghelfen

Erlebnisverarbeitung und Selbstmotivierung

Bewahren persönlicher Erinnerungen

In unserer schnelllebigen Zeit laufen wir oft Gefahr, bereichernde Erlebnisse bald wieder zu vergessen – dass sie durch neue Eindrücke in unserem Gedächtnis verschüttet werden. Wir zum Beispiel nicht mehr spontan mit Sicherheit sagen können, wo wir vor einigen Jahren Urlaub gemacht hatten. Oder wir uns nach einiger Zeit nicht mehr daran erinnern können, wann und wo wir uns das letzte Mal mit irgendwelchen Freunden getroffen hatten.

Bewusst wahrgenommen und verinnerlicht, können jedoch auch kleine alltägliche Begebenheiten Glücksgefühle auslösen und dauerhaft dazu beitragen, dass wir mit unserem Schicksal insgesamt zufrieden sind. Selbst negativ empfundene Erlebnisse liefern oft wertvolle Erkenntnisse für die Zukunft.

Je älter wir werden, desto mehr zehren wir von unseren *Erinnerungen*, denn normalerweise erleben wir mit fortschreitendem Alter immer seltener wirklich *Neues*. Die Tage verlaufen dann normalerweise immer gleichförmiger. Gerade aber im Alter ist es für das Glück und die Zufriedenheit so wichtig, auf ein *erfülltes* Leben zurückblicken zu können!

Man sollte daher seine täglichen Erlebnisse nicht einfach nur „konsumieren", um sie danach gedanklich abzulegen. Vielmehr sollte man ab und an innehalten, um sich mit dem Erlebten gedanklich *auseinanderzusetzen* und seine Eindrücke zu verarbeiten. Umso mehr wird man sich auch im späteren Leben seiner früheren Erlebnisse erinnern, sie in der Rückschau erneut durchleben und hat man in geselligen Runden auch etwas mit eigenen Erlebnissen und Erfahrungen beizutragen.

> **Für das Lebensglück ist letztlich nicht entscheidend, wie viele Tage wir leben, sondern wie bewusst wir sie wahrnehmen.**

Es gibt eine ganze Reihe von Techniken, die uns helfen, unsere Erlebnisse im Bewusstsein zu bewahren und von ihnen zu profitieren. Dazu zählen beispielsweise:

- Meditative Techniken
- Autogenes Training
- Abendgebete
- Erinnerungsfotos und -videos

- Tagebucheintragungen
- Gruppengespräche

Die Tagesbilanz

Eine weitere Möglichkeit der Erlebnisverarbeitung ist, stets am Ende des Tages eine Erlebnisbilanz zu ziehen. Nämlich sich gezielte Fragen zum Tagesgeschehen vorzulegen und daraus hilfreiche Schlussfolgerungen zu ziehen. Die Methode wird auch als *Psychohygiene* bezeichnet.

Sie sollten sich dazu vor dem Schlafengehen stets die Zeit für einen *Rückblick* auf den Tagesablauf nehmen. Normalerweise benötigt das nicht mehr als 10 Minuten und je regelmäßiger Sie das praktizieren, desto mehr wird es zur Gewohnheit und umso weniger werden Sie es als zeitliche Belastung empfinden.

Regelmäßige Tagesbilanzen helfen Ihnen, Ihr Leben bewusster wahrzunehmen und auch negativ empfundene Erlebnisse konstruktiv zu *verarbeiten*. Sie sehen dadurch optimistischer in die Zukunft und setzen *neue Kräfte* frei. Das Erlebte prägt sich Ihnen stärker ein – die Tage fließen nicht unreflektiert an Ihnen vorbei. Ihre gefühlte Lebenszeit *verlängert* sich dadurch und Ihr Repertoire an Lebenserinnerungen wird *reichhaltiger*. Auch werden Sie nach Ihren Tagesbilanzen unbelasteter einschlafen und wird Ihre Nachtruhe *erholsamer* sein.

Zu unseren alltäglichen Gewohnheiten gehört es, etwas für die Reinigung und Pflege unseres Körpers zu tun: morgens zu duschen, sich die Zähne zu putzen, die Haut einzucremen usw. All das tun wir, um uns körperlich rein und fit zu fühlen sowie gesund zu bleiben. Ebenso aber, wie wir täglich einige Zeit für unser körperliches Wohlbefinden aufwenden, sollten wir uns auch die Zeit nehmen, regelmäßig etwas für unsere seelische Befindlichkeit zu tun. Sollten wir unsere *Psyche* pflegen, indem wir sie von belastenden Gedanken und Gefühlen reinigen.

Nicht nur tägliche „Körperhygiene" betreiben, sondern auch regelmäßig etwas für die „Psychohygiene" tun.

Zur Vereinfachung können Sie sich ein Formular mit den nachstehend beschriebenen Inhalten fertigen. Es empfiehlt sich, die ausgefüllten Formulare sogar eigenhändig zu unterschreiben. Denn auf diese Weise schließen Sie sozusagen mit sich selbst einen schriftlichen Vertrag, durch den Ihre gefassten Vorsätze gefühlsmäßig verbindlicher wirken.

Tagesbilanz *Datum: ....*

1. *Was empfand ich heute als positiv, hat mir Freude bereitet?*
2. *Welche Schlüsse kann ich daraus ziehen?*
3. *Welche Ereignisse oder Umstände empfand ich heute als negativ?*
4. *Was kann ich aus diesen negativen Erlebnissen lernen?*
5. *Gibt es etwas besonders Wichtiges, um das ich mich morgen kümmern will?*
6. *Wofür bin ich heute dankbar? (Das darf durchaus das Gleiche sein wie gestern!)*

Meine Unterschrift: ....

Es ist ratsam, die Fragen tatsächlich schriftlich zu beantworten. Denn die Schriftform zwingt zu einem konzentrierteren Nachdenken und die aus den Antworten resultierenden persönlichen Vorsätze bleiben *dauerhafter* im Gedächtnis haften.

Indem Sie die einzelnen Tagesbilanzen aufbewahren, schaffen Sie sich automatisch ein persönliches *Tagebuch.*

Analyse und Neubewertung negativer Erlebnisse

Ob man ein Erlebnis als positiv oder negativ einordnet, hängt oftmals von der subjektiven persönlichen *Betrachtungsweise* ab. Wer eine optimistische Grundhaltung besitzt, sieht in erster Linie die *Chancen*, die nahezu jeder Lebenssituation innewohnen, während ein pessimistisch Veranlagter in erster Linie die *Risiken* wahrnimmt.

Tendenziell haben aber Optimisten größere Erfolgschancen im Leben als Pessimisten, weil sie ihre Probleme weniger zögerlich und mit größerer Energie angehen. Und aus der größeren Erfolgswahrscheinlichkeit resultieren naturgemäß auch größere Chancen für persönliches *Glück* und *Zufriedenheit.*

Im Interesse Ihres seelischen Wohlbefindens sollten Sie daher *negativ* erscheinende Erlebnisse nicht von vornherein als *schicksalhaftes* Pech oder als Misserfolge hinnehmen. Wenn Sie die jeweilige Situation unvoreingenommen analysieren und mit genügender emotionaler Distanz und anhand der *tatsächlich* eingetretenen Folgen durchdenken, werden Sie im Nachhinein meist auch den einen oder anderen *positiven* Aspekt entdecken. Möglicherweise eröffnen Ihnen die Ereignisse sogar nützliche Perspektiven. Und sei es auch nur, dass Sie aus einem gescheiterten Vorhaben oder einem unglücklichen Vorfall hilfreiche Erkenntnisse für die *Zukunft* gewonnen haben.

Macht man sich immer auch die *positiven* Aspekte von zunächst *negativ* erscheinenden Situationen bewusst, nimmt das so manche Befürchtungen. Es lenkt den Focus auf die angenehmen Seiten des Lebens und macht insgesamt zuversichtlicher und gelassener. Somit ist die zuvor beschriebene Tagesbilanz gleichzeitig ein Instrument der Selbstmotivierung.

Jedes Schlechte hat auch etwas Gutes.

Glücksgefühle durch Dankbarkeit

Die sechste und letzte Frage der Tagesbilanz ist hinsichtlich der seelischen Gesundheit wohl die *wichtigste*. In unserer Überflussgesellschaft ist vielen Menschen die Fähigkeit abhanden gekommen, dem eigenen Schicksal *dankbar* zu sein, sondern sind manche eher von persönlicher Gier getrieben. Beispielsweise indem sie nach immer größerem materiellen Wohlstand streben, ständig neuen spektakulären Unterhaltungsangeboten nachjagen oder nichts auslassen, um sich ein jugendliches Image zu bewahren.

Dabei gibt es für die Menschen hierzulande in der Regel allen Grund *zufrieden* zu sein. Gemessen an den Lebensbedingungen früherer Epochen mit Kriegen und Hungersnöten sowie an den Zuständen in erheblich ärmeren Ländern, gewährleisten unsere heutigen Sozialsysteme nahezu jedem einen vergleichsweise *hohen Lebensstandard*. Hinzu kommt, dass wir in unseren Breiten nicht ständig von schweren *Naturkatstrophen* wie Erdbeben, Hurrikans oder Vulkanausbrüchen bedroht sind.

Was für die Gesamtgesellschaft gilt, trifft ebenso auf den individuellen Lebensbereich eines jeden Einzelnen zu. Statt ohne schwerwiegende Gründe mit seinem Schicksal zu hadern, sollte man es sich immer wieder mal bewusst machen, dass man *meist etliche Gründe* hat, zufrieden zu sein. Weil man beispielsweise wohlgeratene Kinder hat und selbst, wenn man erkrankt ist, heute vielleicht etwas *geringere* Schmerzen hat als gestern!

Oft sind es sogar die *negativen* Ereignisse, die bei einem glücklichen Ausgang allen Anlass zu *Dankbarkeit* bieten. Beispielsweise schilderte einmal einer meiner Seminarteilnehmer hierzu ein beeindruckendes Erlebnis: Auf der Heimfahrt am Vortag war ihm in einer engen Nebenstraße plötzlich ein Kind vor das Auto gelaufen und er hatte gerade noch bremsen können. *Was für ein Glück!*

> **Gönnen Sie sich häufiger mal das besonders wohltuende Gefühl der Dankbarkeit!**

Erfolgsorientierte Selbstorganisation

Sich zu organisieren bedeutet, seine Handlungen zu systematisieren. Das heißt, seine Vorhaben bzw. Aufgaben zu ordnen und in einer logischen Reihenfolge zu erledigen. Eine systematische Selbstorganisation besteht demzufolge aus drei Phasen, deren Inhalte aus den nachstehenden Fragen resultieren.

Analyse ⇨ **Planung** ⇨ **Kontrolle**

„Was?"

- Was will ich erreichen bzw. was ist zu erledigen?
- Was will ich unbedingt schaffen und was könnte notfalls liegen bleiben oder ganz entfallen?
- Was ist besonders wichtig oder dringlich und muss demzufolge besonders sorgfältig oder vorrangig erledigt werden?

„Wie viel?"

- Wie häufig kommen die verschiedenen Aufgaben vor und welchen Zeitaufwand erfordern sie?
- Wie viel Erledigungszeit steht mir zur Verfügung und wie viel Zeitreserven sollen mir verbleiben?

- Wie viel kann ich bei realistischer Einschätzung schaffen und was muss demzufolge zurückbleiben?

„Wie?“

- Welche Räume und Arbeitsmittel stehen mir zur Verfügung bzw. sollte ich mir besorgen?
- Wer kann mich bei den Arbeiten unterstützten oder muss beteiligt werden?
- Was kann ich an den Abläufen, Methoden oder Arbeitsmitteln verbessern oder vereinfachen?

„Wann?“

- Welche Aufgaben haben feste Termine?
- Wann sollte ich die restlichen Aufgaben erledigen?
- Wann habe ich Zeit für Ungeplantes und Erholungspausen?

„O. k.?“

- Was habe ich termingerecht und einwandfrei erledigt?
- Welche Termine habe ich überzogen, was blieb unerledigt und was waren die Gründe dafür?
- Was sollte ich künftig anders planen, welche Verbesserungsmöglichkeiten habe ich erkannt?

Effizienzsteigerndes Zeitmanagement

Zeit ist ein wertvolles, aber begrenzt verfügbares und oftmals zu knappes Gut. Also gilt es, damit sorgsam umzugehen. Daher sollten Sie Ihr persönliches Zeitpotenzial *so einsetzen*, dass sie dadurch einen optimalen *Nutzen* erzielen sowie die größtmögliche *Lebensqualität* und Zufriedenheit gewinnen. Doch ist es nicht immer leicht zu erkennen, ob man seine Zeit *tatsächlich* für die wirklich wichtigen Dinge aufbringt oder mitunter für Minderwichtiges verschwendet. Der folgende Selbsttest kann Ihnen helfen, sich Ihres Umgangs mit der Zeit bewusster zu werden und somit Ihren Zeiteinsatz gegebenenfalls zu *optimieren*.

	Lebensinhalte bzw. Aktivitäten	Zeitaufwand	
		Stunden/Jahr	**Prozente**
Allg. Lebensführung	Täglicher Aufwand f. Körperpflege, Mahlzeiten, Garderobe		
	Tägliche Hausarbeit und Einkäufe für die Verpflegung		
	Fallweise größere Einkäufe bzw. Anschaffungen		
	Reparaturarbeiten, Renovierungen, Sonderaufgaben		
	Berufstätigkeit (incl. Wegezeiten) ohne Urlaubszeiten		
	Zwischensummen		
Familie	Täglicher Umgang mit dem Lebenspartner		
	Erziehung und Versorgung der Kinder bzw. Enkelkinder		
	Betreuung bzw. Pflege sonstiger Angehöriger		
	Verwandtenbesuche, Familienfeiern		
	Hausmusik, Spieleabende, sonstige familiäre Aktivitäten		
	Zwischensummen		
Freizeitgestaltung	Sportliche Aktivitäten, Spaziergänge, Ausflüge, Hobbies		
	Allgemeiner häuslicher Zeitvertreib (Fernsehen, Computer)		
	Gartenarbeit, Balkon- bzw. Terrassenpflege		
	Urlaubs- bzw. Erlebnisreisen		
	Bildungs-, kulturelle oder politische Veranstaltungen		
	Zwischensummen		
Gesundheit	Erholungs- bzw. Wellnessmaßnahmen		
	Arzt- bzw. Therapeutenbesuche, Krankenhausaufenthalte		
	Medizinische Maßnahmen zur Gesundheitsvorsorge		
	Kuraufenthalte		
	Maßnahmen zur Rehabilitation		
	Zwischensummen		
Sozialkontakte	Allgemeine Kommunikation (Telefon, Internet, Briefpost)		
	Gesellige Treffen mit Freunden, Bekannten, Kollegen		
	Allgemeiner Besuch von Gaststätten, Discos, Events		
	Aktivitäten als Mitglied von Vereinen oder Verbänden		
	Ehrenamtliche Tätigkeiten, gesellschaftliches Engagement		
	Zwischensummen		
	Gesamtsummen		**100**

Effizienter Zeiteinsatz durch Zeitmanagement

Die Techniken des Zeitmanagements können einen unterstützen, das knappe Zeitpotenzial *optimal zu nutzen*. Sie können helfen,

- einen Überblick über die anstehenden Vorhaben und deren Zeitbedarf zu gewinnen,
- keine Vorsätze aus den Augen zu verlieren,
- sie in einer ihrer Wichtigkeit und Dringlichkeit gemäßen Reihenfolge zu realisieren,
- die einzelnen Aktivitäten so einzuordnen, dass sie sich termingerecht erledigen lassen,
- zeitliche Engpässe vermieden werden, um diese beizeiten zu erkennen und gegensteuern zu können.

Darüber hinaus liefert das Zeitmanagement Erkenntnisse, welche Arbeiten besonders *häufig* vorkommen oder sehr *zeitaufwendig* sind. Vorrangig bei diesen Aufgaben lohnt es sich, darüber nachzudenken, inwieweit sie sich durch Vereinfachungen oder technische Hilfsmittel *rationalisieren* ließen. Unter Umständen erkennt man dabei auch, dass man auf manche minderwichtigen, aber dennoch zeitraubenden Tätigkeiten problemlos *verzichten* könnte.

Auch kann das Zeitmanagement Hinweise liefern, inwiefern man *schwierige* Aufgaben, die besondere Konzentration erfordern, in Tageszeiten verlagern könnte, die erfahrungsgemäß am ehesten störungsfrei sind. Bei aller Zeitdisziplin sollten Sie aber im Interesse Ihrer Lebensqualität stets auch ausreichende Reservezeiten für *Unvorhersehbares* und *Erholungspausen* einplanen.

Zeitmanagement kann zwar weder Ihre Zeit mehren, noch Ihre Arbeitsaufgaben reduzieren, kann aber pragmatisch eingesetzt ein nützliches Hilfsmittel sein.

Schlussfolgerung

Ich hoffe, Ihnen mit meinen Ausführungen einige nützliche Anregungen für Ihre künftige Lebensgestaltung vermittelt zu haben.

Natürlich ist das Leben zu vielgestaltig und sind die individuellen menschlichen Eigenschaften sowie Bedürfnisse zu unterschiedlich, als dass man schlichte allgemeingültige Lebensregeln aufstellen könnte. *Patentrezepte* für ein jederzeit glückliches und erfolgreiches Leben gibt es leider nicht, aber einige *Grundsätze*, wie man seine Lebensführung dahingehend optimieren kann.

Auch werden Sie sich trotz sorgfältigster Lebensplanung im Leben immer mal wieder vor ein ernsthaftes *Problem* gestellt sehen. Wichtig ist aber, dass Sie sich dann mit dem Problem nicht zu sehr *identifizieren* und lange darüber nachdenken, inwiefern Sie selber daran Schuld sind. Sehen Sie nicht sich selbst als das Problem, sondern empfinden Sie sich vorrangig als den *Problemlöser.*

Letztlich bleibt es stets bei *Ihnen selbst,* aus den von mir geschilderten Möglichkeiten das Beste für sich zumachen. Ich wünsche Ihnen dazu jedenfalls eine glückliche Hand und größtmöglichen Erfolg!

Die nötige Problemsensibilität, Kreativität und Tatkraft vorausgesetzt, gibt es vielfältige Chancen, die eigene Lebensqualität nennenswert und nachhaltig zu steigern.

Literaturhinweise

Bariso, Justin: *EQ - Emotionale Intelligenz,* Franz München: Vahlen Verlag, 2019

Beckmann, Edmund & Walter, Steffen: *E-Mail-Korrespondenz,* München: Verlag C. H. Beck, 2019

Bornhäußer, Andreas & Ion, Frauke: *30 Minuten Wie wirke ich?,* GABAL Verlag, 2014

Bringmann, Katrin: *Die Midlife Chance,* Hannover: Humboldt Verlag, 2019

Bucay, Jorge: *Drei Fragen: Wer bin ich? Wohin gehe ich? Und mit wem?,* Frankfurt/Main: Fischer Verlag, 2013

Covey, Stephen R.: *Die 7 Wege zu glücklichen Beziehungen,* Offenbach, GABAL Verlag, 2021

DUDEN, Band 8: *Das Synonymwörterbuch,* Mannheim, Dudenverlag, 2019

Feller, Benita: *Lebe lieber selbstbestimmt,* Hannover: Humboldt Verlag, 2018

Frädrich, Stefan: *Günter, der innere Schweinehund,* Offenbach, GABAL Verlag, 2014

Handler, Beate: *Mit allen Sinnen leben,* Berlin: Goldegg Verlag, 2020

Hecht, Karl: *Gesundheit ist mehr als Medizin,* Baunach: Spurbuchverlag, 2020

Hermann, Norbert: *Erfolgsgeheimnis Persönlichkeit,* Self-Publishing, 2019

Hoffmann, Kerstin: *Web oder stirb,* Freiburg: Haufe Verlag, 2019

Jaud, Tommy: *Einen Scheiß muss ich,* Frankfurt am Main: FISCHER Taschenbuch, 2026
Klein, Olaf Georg: *Zeit als Lebenskunst,* Berlin: Verlag Klaus Wagenbach, 2010

Knigge, Werner: *Die Magie der guten Ausstrahlung,* Hannover: Humboldt Verlag, 2011

Lakefield, Victoria: *Selbstfindung,* Düsseldorf: Independently published, 2020

Langer, Inghard & Schulz von Thun, Friedemann & Tausch, Reinhard: *Sich verständlich ausdrücken,* München: Ernst Reinhardt Verlag, 2019

Laufer, Hartmut: *Entscheidungsfindung,* Berlin, Cornelsen Verlag, 2008

Laufer, Hartmut: *Grundlagen erfolgreicher Mitarbeiterführung,* Offenbach, GABAL Verlag, 2020

Laufer, Hartmut: *Gut kommunizieren als Führungskraft,* GABAL Verlag, 2021

Laufer, Hartmut: *Kreativ Probleme lösen – effizient entscheiden,* Offenbach, GABAL Verlag, 2018

Laufer, Hartmut: *Praxis erfolgreicher Mitarbeitermotivation,* Offenbach, GABAL Verlag, 2015

Laufer, Hartmut: *Problematische Mitarbeiter erfolgreich führen,* Wiesbaden, Springer Gabler, 2018

Laufer, Hartmut: *Sprint-Meetings statt Marathon-Sitzungen,* Offenbach, GABAL Verlag, 2009

Laufer, Hartmut: *Vertrauensvolle Mitarbeiterführung,* Wiesbaden, Springer Gabler, 2018

Laufer, Hartmut & Tobias: *Wege zum „richtigen“ Schulabschluss und Berufseinstieg,* Rotterdam: Bookmundo, 2021

Lauster, Peter: *Wege zur Gelassenheit,* Hamburg, Rowohlt Verlag, 2007

Lindner, Nicole: *Feinfühligkeit trifft auf Berufsleben,* Leipzig: dielus edition, 2019

Lorenz, Stefanie: *Glück finden,* Frankfurt am Main: Suhland Verlag, 2020

McGraw, Phillip: *Lebensstrategien,* München, mvg Verlag, 2007

Meier, Rolf: *30 Minuten Selbstmotivation,* Offenbach: GABAL Verlag, 2012

Pletzer, Marc A.: *Emotionale Intelligenz,* Freiburg: Haufe Verlag, 2017

Precht, Anke & Enders, Marielle: *Wer bin ich wirklich?,* München: arsEdition, 2021

Precht, David: *Wer bin ich - und wenn ja wie viele?,* München: Goldmann Verlag, 2012

Rick, Lukas: *Selbstwertgefühl steigern,* Hannover: Humboldt Verlag, 2017

Rühle, Hermann: *Was bin ich? Wie bin ich? Wozu bin ich?,* Leipzig: dielus edition, 2018

Rüttinger, Bruno & Sauer, Jürgen: *Konflikt und Konfliktlösen,* Leonberg: Rosenberger Fachverlag, 2016

Saul, Siegmar: *Führen durch Kommunikation,* Weinheim: Beltz Verlag, 2012

Schilling, Gert: *Zeitmanagement,* Berlin: Schilling Verlag, 2003

Schröder, Martin: *Wann sind wir wirklich zufrieden?,* München, C. Bertelsmann Verlag, 2020

Schulz v. Thun, Friedemann: *Miteinander reden,* Hamburg: Verlag, 2008

Seifert, Josef W.: *Visualisieren, Präsentieren, Moderieren,* Offenbach: GABAL Verlag, 2015

Seiwert, Lothar: *Work-Life- Balance,* Offenbach: GABAL Verlag, 2011

Sprenger, Reinhard K.: *Die Entscheidung liegt bei dir,* Freiburg, Januar Campus Verlag, 2016

Sprenger, Reinhard K.: *Magie des Konflikts,* München: Deutsche Verlags-Anstalt, 2020

Sprenger, Reinhard K.: *Vertrauen führt,* Frankfurt am Main: Campus Verlag, 2007

Textor, A. M.: *Sag es treffender,* Essen, Verlag Ernst Heyer, 2015

Watzlawick, Paul: *Wie wirklich ist die Wirklichkeit?,* München: Piper Verlag, 2005

Weinbach, Paula: *Dein Weg zur Gelassenheit,* Hamburg: KR Publishing, 2020

Wisniewski, Roger: *Phänomene und Perspektiven des Alterns,* Münster: LIT Verlag, 2021

Zack, Devora: *Die Multitasking-Falle,* Offenbach: GABAL Verlag, 2016

Stichwörter

A

Aggression, 24, 35, 82, 86, 87, 90, 91

B

Bedürfnis, 13, 38, 48, 53, 68, 70, 74, 76, 77, 90, 127, 148, 163, 165, 164, 166, 190, 198, 208, 223, 229
Befindlichkeit, 77, 87, 88, 107, 123, 205, 216, 229
Belastung, 20, 21, 114, 167, 180, 181, 186-190, 198, 199, 201, 202, 205, 215
Beruf, 14, 16, 19, 20, 21, 29, 38, 47, 50, 54, 62, 122-124, 130,161-177, 180, 181, 184, 185, 189, 204, 206, 210, 226
Bewusstsein, 18, 51, 94, 127, 184, 202
Bildungsangebot, 173, 176
Biorhytmus, 172, 211
Brainstorming, 115-117, 119, 120
Boreout, 206

C

Charakter, 16, 27, 70, 175,176

D

Denkblockade, 107, 114-116, 118, 126, 118, 195
Depression, 28, 178, 181, 182, 187, 189, 195, 212
Disstress, 181, 195, 203

E

Einkommen, 16, 21, 51, 167, 173, 175
Einsamkeit, 25, 37, 190
Emotion, 9, 38, 39, 41, 49-51, 58, 64, 67, 74, 76, 79, 84, 86, 107, 108, 124-128, 132, 133, 141, 145, 148, 160, 166, 172, 217
Entscheiden, 24, 40, 52, 101, 122-124, 128, 129, 131, 142, 145,148-151, 160, 169, 184
Enttäuschung, 25, 69, 71, 75, 91, 193

Erfahrung, 15, 16, 21, 23-26, 33, 34, 68-70, 72, 78, 84, 101, 102, 105, 107, 115, 127, 129, 177, 183, 203, 204, 206, 214
Erfolg, 14, 15, 17, 20, 28, 29, 51, 64, 68, 93, 95-100, 127, 129, 152, 173, 175-177, 184, 187, 200, 204, 205, 217, 219, 223
Erziehung, 23, 34, 187
Eustress, 181, 184, 203

F

Fähigkeit, 15, 16, 29, 57, 127, 169, 182, 204, 218
Familie, 18, 23, 30, 27, 148
Fremdbestimmung, 29, 201, 202
Freundschaft, 10, 16, 38, 54, 187
Führen, 175, 176

G

Gehirn, 31, 32, 34, 39, 41, 42, 47, 107, 124-126, 145, 164, 181, 183, 184, 199, 212
Gelassenheit,
Gespräch, 19, 22, 35, 39, 44, 49, 78-89
Gesundheit, 10, 12, 29, 184-186, 189, 202, 205, 206, 210, 211, 221
Glück, 9, 10, 12, 14, 17, 19, 28, 29, 38, 52, 126, 163, 175, 200, 205, 206, 210, 212, 214, 217-219, 223
Grundeinstellung, 24, 125, 127, 18, 201

H

Harmonie, 52, 68, 74, 77, 99
Herausforderung, 17, 24, 29, 94, 188, 194, 199-202, 206
Herzinfarkt, 180, 190, 200

I

Image, 21, 167, 218
Interesse, 12, 21, 34, 41, 80, 90, 106, 107, 167, 207
Internet, 50, 55-62, 175, 189, 221

K

Karriere, 16, 54, 162, 163, 170, 201, 204

Kommunikation, 19, 30, 31, 39, 47, 49, 50, 62, 24, 67, 78, 79, 82, 84, 221
Konflikt, 49, 50, 67, 71, 75-82, 86-90, 132, 139, 186, 202
Kontakt, 19, 20, 37, 38, 56, 57, 60, 90, 167, 187, 189, 206, 210, 221
Kontrolle, 61, 74, 98,147, 190, 194, 219
Kreativität, 62, 105-107, 109, 115, 213, 223
Krise, 20, 28, 194-196
Kritik, 114, 118, 138, 186, 191, 206
Kummer, 20, 180, 187

L

Lebensbereich, 10, 18, 20, 211, 218
Lebensführung, 12, 14, 61, 202, 207, 208, 221, 223
Lebenskonzept, 11, 12, 18
Lebenspartner, 20, 50, 51, 53, 54, 221
Lebensqualität, 12, 19, 162, 163, 207, 220, 222, 223
Leistung, 15, 16, 19, 21, 45, 62, 68, 70, 179, 181-184, 190, 193, 202, 203, 211-213

M

Macht, 70, 201, 207, 212
Menschenkenntnis, 31, 36, 51
Misserfolg, 14, 15, 94, 177, 206, 217
Misstrauen, 71, 74, 75
Mobbing, 59, 60
Multitasking, 182, 183

N

Neigung, 13, 21, 50, 169, 184
Nervensystem, 179, 189

O

Opferrolle, 13, 202
Optimismus, 93, 188

P

Partnerschaft, 51, 74
Personeneinschätzung, 35,36

Persönlichkeit, 10, 11, 13, 16, 22-26, 28, 30, 53, 65, 71, 80, 84, 123, 127, 128, 171, 175, 176,
Pessimismus, 93
Problem, 32, 45, 49, 51, 56,75-78, 81, 82, 91-109, 111, 112, 115-117, 119, 121, 123, 124, 129, 130-135, 141, 142, 145, 147, 150, 152, 155-157, 160, 164, 171, 180, 181, 185, 187, 188, 190, 195, 196, 199, 202, 209, 217, 222, 223
Problembewältigung, 75, 93

R

Ruhestand, 26, 207

S

Schicksal, 11, 16, 94, 122, 198, 201, 202, 214, 217, 218
Schulabschluss, 24, 162
Schwäche, 29, 89, 123, 206
Selbsterkenntnis, 28, 29
Selbstkontrolle, 147, 190
Selbstorganisation, 219
Selbstsicherheit, 16, 88
Selbstverantwortung, 13, 202
Selbstverwirklichung, 12, 185
Sozialkontakt, 18-20, 37, 187, 206, 210, 221
Stress, 126, 178-182, 184, 185, 188, 183, 190-194, 196, 198-206
Studium, 24, 163, 174

T

Textgestaltung, 39, 64

U

Überforderung, 19-21, 114, 185, 202, 206
Überzeugung, 11, 33, 34, 40, 72, 133
Unterforderung, 206
Unabhängigkeit, 29
Unterbewusstsein, 17, 18, 27, 93, 124, 125, 183, 184
Unzufriedenheit, 13, 19, 187, 202, 207

V

Verhalten, 16, 23, 24, 27-31, 33-35, 37, 60, 61, 69, 71, 73-75, 79, 80, 85, 87-89, 91, 92, 107, 125, 126, 129, 175-178, 191, 197, 203, 204, 206, 210, 211
Vertrauen, 38, 51, 58, 68-75
Vorurteil, 33-35, 51, 103, 205, 206

W

Wahrnehmung, 35, 41, 42, 51, 52, 78, 84, 90, 100, 179, 203, 204
Weiterentwicklung, 11, 105, 118, 170
Wertschätzung, 19, 74, 190, 203, 206
Wertvorstellung, 32, 127, 134, 136, 205
Wohlbefinden, 17, 18, 37, 114, 205, 215, 217

Z

Zeitmanagement, 220, 222
Zufriedenheit, 9, 10, 11-13, 19, 52, 96, 175, 202, 214, 217, 220
Zukunft, 25, 26, 123, 136, 163, 171, 172, 196, 200 206-208, 214, 215, 217
Zwang, 76, 14, 115, 122, 180, 183, 202